LA
BATAILLE DU MANS

Conférences de l'Association Polytechnique Nantaise

LA BATAILLE DU MANS

LES

MOBILISÉS DE LA LOIRE-INFÉRIEURE

A CHAMPAGNÉ

Avec une Carte et un Plan

PAR

Charles MENGIN

Colonel d'État-Major auxiliaire, chef d'État-Major d'une Division de l'Armée de la Loire

NANTES

IMPRIMERIE NANTAISE ÉTIEMBRE ET PLÉDRAN

Quai Cassard, 5.

1872

A MONSIEUR

ERNEST MÉNARD

CONSEILLER MUNICIPAL

Président du Comité Républicain de Nantes

HOMMAGE

D'UN PROFOND RESPECT ET D'UNE VIVE SYMPATHIE.

Charles MENGIN,

Rédacteur du PHARE DE LA LOIRE, ancien Élève de Saint-Cyr, ex-Rédacteur du PROGRÈS DE SAÔNE-ET-LOIRE et du PROGRÈS DE LA CÔTE-D'OR.

AVERTISSEMENT

Il y a près d'un an, nous avons fait à l'Association polytechnique nantaise deux conférences sur la bataille du Mans; les mobilisés de la Loire-Inférieure ayant très-largement payé leur dette de sang dans les luttes de l'armée de la Loire, nous avions fait l'exposé de la lutte des 10 et 11 janvier 1871, avec des détails intéressant spécialement nos concitoyens. C'est en suivant ce même ordre d'idées que nous commençâmes la rédaction de la brochure que l'on va lire. Peu à peu nous sentîmes le besoin de lui donner cependant un caractère plus général et d'en faire le résumé de l'histoire de la deuxième armée de la Loire, depuis le jour où le général Chanzy en prit le commandement jusqu'à l'armistice. C'est dans ces conditions que nous la présentons au public.

Ces explications feront comprendre à nos lecteurs le sens de l'Avant-Propos, et pourquoi enfin nous avons conservé dans notre premier paragraphe du texte, les paroles que nous avons prononcées à l'ouverture de nos conférences.

Après avoir rempli les fonctions de chef d'état-major au camp de Conlie, après avoir été appelé à l'armée de la Loire avec le général Le Bouëdec dont nous étions l'aide-de-camp, après avoir été placé à l'état-major général de cette armée au moment même de la bataille du Mans, nous avons été nommé le 6 février 1871, par le général Chanzy et ensuite par le ministre général Le Flô, chef d'état-major de la 1re division du 19e corps, division composée de trois régiments d'infanterie de l'armée active (55e, 66e et 71e), des deux légions de mobilisés de Bordeaux et deux régiments de mobiles. C'est-à-dire qu'il nous est resté sur la campagne de la Loire des notes et des souvenirs intéressants et variés. Nous comptons les publier plus tard. Pour le moment, nous nous sommes borné à faire un simple travail un peu technique, aussi clair que possible, de manière à propager partout l'histoire héroïque de la France, après la chute de l'empire.

P. S. — Dans la lettre du général Chanzy qui suit cette préface, écrite après coup, une faute d'impression nous a échappé lors du tirage, au lieu de : « Versailles, 27 *septembre* 71 » il faut lire : « Versailles, 27 *décembre* 71. »

CH. M.

Nantes, le 4 octobre 1872.

Versailles, 27 septembre 1871.

Mon cher Monsieur Mengin,

Je viens de lire avec beaucoup d'intérêt les deux Conférences que vous avez faites à Nantes sur les événements militaires qui se sont accomplis autour du Mans, au mois de janvier dernier.

Vous avez su exposer, avec autant de netteté que d'exactitude, les phases diverses de la grande bataille du 11 et des combats qui l'ont précédée et suivie.

En aidant ainsi à faire connaître à ceux qui les ignorent encore, les derniers efforts de cette deuxième armée de la Loire que j'ai eu l'honneur de commander, vous contribuez à rendre au pays la confiance qu'il doit puiser dans les actes de dévouement et de vrai patriotisme que vous avez si bien rappelés et décrits.

Croyez, mon cher Monsieur Mengin, à mes sentiments les plus dévoués,

Général CHANZY.

AVANT-PROPOS

Nous avons réuni en une brochure les deux Conférences que nous avons eu l'honneur de faire à l'Association Polytechnique Nantaise. Les personnes qui nous ont écouté trouveront dans le texte qui suit quelque différence avec le langage improvisé que nous avons tenu en public. Nous avons ajouté dans ce travail, certaines choses, certains faits qui nous avaient échappé dans la rapidité du discours, de manière à former un récit aussi exact, aussi synthétique que possible, du grand drame de la bataille du Mans.

CHARLES MENGIN.

LA BATAILLE DU MANS

MESDAMES ET MESSIEURS,

I

Il y a un an à pareil jour (1), nos braves mobilisés Nantais quittaient leur fière et patriotique cité, pour aller rejoindre les derniers bataillons qui défendaient héroïquement l'honneur et le drapeau de la France.

Tous ne sont pas revenus!

Il en est qui sont noblement tombés sous les balles prussiennes, en défendant pied à pied les vallons et les collines qui semblaient faire des environs du Mans une position inexpugnable.

Si notre douleur est toujours aussi vive et poignante, nous avons au moins l'immense consolation de nous dire que ces soldats improvisés ont trouvé une mort glorieuse en faisant vaillamment leur devoir.

Je me félicite, moi, qui ai eu l'honneur de les conduire à cette armée de la Loire, je me félicite d'ouvrir les conférences de l'Association polytechnique, en rendant à leur mémoire cet hommage public et solennel.

(1) 12 novembre.

1.

Je m'en félicite, parce que si la Bretagne et Nantes ont été préservées des coups de l'ennemi, elles le doivent à la tactique audacieuse et nouvelle de leur général en chef Chanzy, le seul qu'aient jamais redouté les Prussiens, et qui, peut-être, leur eût porté des coups terribles si l'armistice n'eut pas terminé cette lutte sanglante où le vainqueur était non moins épuisé que le vaincu.

En effet, pendant deux jours nous fûmes victorieux devant le Mans, et si la fortune n'eut pas subitement trahi le succès de nos armes, le troisième jour nous pouvions marcher sur Paris.

Et quand Chanzy ordonna, le douze janvier, la retraite vers Laval, son armée était si peu entamée, ses ressources étaient si considérables, son espoir et son génie toujours si grands, que l'ennemi ne songea point à le poursuivre sérieusement ; et qu'il pût, sans le moindre désordre ramener ses troupes, jusque derrière la Mayenne, et les y installer sur des positions de défense formidables.

II

Avant de raconter toutes les péripéties du drame du Mans, il importe de résumer la biographie du général Chanzy.

Fils d'un officier supérieur du premier Empire, né

dans un petit village du département des Ardennes, reçu de bonne heure à Saint-Cyr, sorti de cette école avec l'un des premiers numéros, Chanzy fut nommé officier aux zouaves où il ne tarda pas à se distinguer par un amour profond du travail et par les connaissances les plus variées.

En 1849, le jeune lieutenant de zouaves, à propos d'un règlement de frontière avec le Maroc, exécutait un travail topographique si complet qu'il permit de régler un différend diplomatique des plus embrouillés.

Il fut appelé à Paris par le prince-président qui, après l'avoir félicité, lui offrit sa protection spéciale et lui demanda de fixer lui-même la récompense qu'il désirait.

Le lieutenant Chanzy, négligeant le soin de sa propre fortune, et voulant ne devoir son avancement qu'à son épée, se contenta de recommander au président l'un de ses parents qui végétait alors dans une position modeste, et dont les services administratifs n'avaient pas encore reçu la récompense qui leur était due.

Lorsqu'éclata la guerre d'Italie, Chanzy était chef de bataillon au 23e de ligne. A Solférino, il fut pour sa brillante conduite cité à l'ordre du jour de l'armée. Après la signature de la Paix, il était nommé lieutenant-colonel.

En 1860, lors de la campagne de Syrie, le colonel Chanzy, dont les connaissances variées et générales et la science approfondie des langues orientales étaient connues de ses chefs militaires, fut nommé directeur des affaires politiques de l'expédition.

Peu de temps après, Chanzy fut nommé colonel, enfin général de brigade et commandant supérieur de la subdivision et du cercle de Sidi-bel-Abbès.

III

Quand la fatale guerre éclata en juillet 70, Chanzy remplissait ces fonctions importantes.

Il demanda néanmoins le commandement d'une brigade de l'armée du Rhin, mais cette faveur, réservée aux familiers et aux courtisans de l'empire, ne lui fut point accordée.

Ce n'est qu'après le 4 septembre que le gouvernement de la Défense nationale l'appela d'Afrique, le plaça d'abord à la tête d'une division du 16e corps, puis ensuite du 16e corps lui-même, sous les ordres directs du général d'Aurelles de Paladines, commandant en chef de l'armée de la Loire.

On sait qu'à la tête de son corps d'armée, le général Chanzy, alors peu connu de la France, décida du succès de nos armes à la bataille de Coulmiers, et de la reprise d'Orléans.

Aussi, quand l'armée de la Loire, par suite de l'impéritie de d'Aurelles, fut coupée en deux tronçons séparés par le fleuve, Chanzy fut-il nommé par Gambetta au commandement en chef de la fraction restée sur la rive droite et qui reçut le nom de 2e *armée de la Loire.*

Elle se composait des débris des 16e et 17e corps, si fortement entamés, lors de la seconde bataille d'Orléans et des combats de Loigny et de Patay.

En outre, trois divisions du 21e corps qui venaient de se former au Mans devaient rejoindre le général Chanzy dans la première quinzaine de décembre.

Il en résulte qu'au 8 décembre la 2e armée de la Loire était ainsi constituée :

16e corps, général Jauréguiberry.

17e corps, général de Colomb.

Trois divisions du 21e corps, général Jaurès.

Ces trois corps étaient placés au 8 décembre à peu près perpendiculairement à la rive gauche de la Loire.

La droite de l'armée s'appuyait à Beaugency sur le fleuve, le centre en avant de Josnes, et la gauche en face de Saint-Laurent-des-Bois et de la forêt de Marchenoir.

L'armée ennemie victorieuse, renforcée par les troupes de Frédéric-Charles, se présentait en une grande ligne, allant de Méung sur la Loire, jusqu'à Chartres vers le Nord.

Ses masses étaient divisées en deux fractions ou grandes armées :

La première, sous les ordres du grand-duc de Mecklembourg, formant l'aile droite des forces allemandes, se dirigeait par le nord, vers notre aile gauche, c'est-à-dire vers la forêt de Marchenoir.

La seconde de ces fractions, commandée par Frédéric-Charles en personne, constituait l'aile gauche de l'ennemi, et, appuyée sur le fleuve, menaçait notre aile droite.

La situation devenait grave et pressante pour Chanzy.

Il fallait à tout prix sauver d'une perte complète, d'un désastre terrible les débris du 16e et du 17e corps qu'il avait pour mission d'arracher à la poursuite de l'ennemi, les réorganiser, les compléter et les lancer ensuite contre l'envahisseur.

IV

On voit que sa mission était double :

1° Battre en retraite devant cet ennemi dont la victoire avait doublé l'audace ; chercher une nouvelle base d'opérations, un point stratégique important où l'armée puisse se réfugier en toute hâte afin d'y procéder à sa reconstitution ;

2° Procéder à cette reconstitution lorsque l'on serait à l'abri de l'ennemi, derrière de bonnes positions ; puis enfin continuer les opérations, soit en prenant l'offensive, soit en se maintenant sur une défensive énergique.

En face de devoirs si impérieux et si pressants, Chanzy, avec une sûreté de coup d'œil aussi rapide que décisive, ne tarda pas à laisser de côté les errements stratégiques qui avaient prévalu jusqu'alors, en abandonnant la défense du cours de la Loire.

Le général en chef choisit comme objectif de sa retraite la ville du Mans, et comme ligne de défense le cours de la Sarthe et de l'Huisne.

En effet, cette dernière ville, point important du chemin de fer de l'Ouest, mettait en communication, par la Bretagne, la France du Nord et celle du Midi. Elle permettait donc à l'armée de puiser dans nos diverses contrées non envahies, toutes les ressources qui lui manquaient.

En outre, Le Mans et ses environs offraient au général Chanzy un terrain merveilleusement disposé pour une guerre de défense et de partisans. Protégé par les positions qui couvrent cette ville, il pouvait y effectuer une réorganisation sérieuse de ses forces.

D'autre part, une considération du plus haut intérêt le déterminait à choisir ce point de retraite.

Il ne faut point oublier que l'armée de la Loire avait pour mission suprême de voler au secours de la capitale et de combiner ses mouvements avec une sortie du général Trochu.

Or, Le Mans est relativement près de Paris. Une fois reformé dans la vallée de l'Huisne et de la Sarthe, Chanzy pouvait se mettre en route pour Paris, et par Le Mans, il tenait la voie la plus courte qui conduise à la grande ville assiégée. D'ailleurs, en supposant qu'il ne prît point l'offensive et qu'il continuât à défendre le terrain pied à pied, Le Mans est la clef de l'Ouest, et en couvrant cette ville, on couvrait la Bretagne et l'Ouest de la France.

Enfin, en choisissant le chef-lieu de la Sarthe comme centre de ravitaillement, de réorganisation, et comme base nouvelle d'opérations, Chanzy avait été déterminé par une autre considération d'une extrême valeur.

De la Loire au Mans, le pays est accidenté, coupé par des rivières et des ruisseaux qui en rendent la défense d'autant plus facile. D'ailleurs, entre la Sarthe et le fleuve de la Loire, coule du Nord au Sud la rivière du Loir, constituant un fossé d'une importance dont il y avait lieu de tenir compte, et qui pouvait former une ligne de défense intermédiaire entre Le Mans et la rive droite du grand fleuve.

V

Le général en chef s'étant inébranlablement arrêté aux résolutions que nous venons d'exposer, la grande difficulté était de savoir comment il ramènerait intacte son armée, depuis Beaugency jusqu'au Mans.

C'est ici où le général Chanzy, inaugurant une tactique admirable, rompant avec tous les préjugés et les habitudes de la routine, étonna par son audace, l'énergie de ses efforts et de son talent, les généraux prussiens, surpris de rencontrer enfin devant eux un véritable homme de guerre.

Après la funeste bataille de Frœschwiller, on avait vu les glorieux débris de l'armée de Mac-Mahon battre précipitamment en retraite, livrant les passages des Vosges au vainqueur pour ne se reconnaître et ne se reformer que dans les plaines de Châlons-sur-Marne.

Après le désastre de Forbach et la marche rapide

des Prussiens sur Metz, l'on avait également vu Bazaine essayant de se dérober à l'ennemi, prendre, en lui tournant le dos, la route de Verdun, sans songer à défendre un seul instant les passages de la Moselle, dont quelques-uns, tels que celui de Garze, pouvaient être gardés avec une brigade.

Aussi, qu'arriva-t-il? Bazaine qui ne s'était préoccupé que du soin de battre en retraite, en toute hâte, sans chercher à mettre les Allemands dans l'impossibilité de le poursuivre ou de l'arrêter, Bazaine se heurta à Gravelotte aux forces de Frédéric-Charles, qui, après l'avoir tourné par Pont-à-Mousson et Gorze, vinrent lui barrer la route de Verdun.

Le général Chanzy profita de la douloureuse expérience résultant des fautes commises par les chefs de l'armée du Rhin.

Placé entre Beaugency et la forêt de Marchenoir, à quelques kilomètres des Prussiens, qui se préparaient à l'attaquer de nouveau et à le couper du Mans, voici ce que fit l'illustre chef de la deuxième armée :

Au lieu de se replier sur la Sarthe en tournant le dos à l'ennemi, il s'arrêta, et, regardant en face l'envahisseur, il battit en retraite, « à reculons », pour nous servir d'une expression qui précisera notre pensée. C'est-à-dire qu'il conçut la pensée, au lieu de se dérober précipitamment aux coups de l'ennemi, ce qui l'exposait à être tourné ou coupé, de prendre lui-même l'offensive contre ceux qui devaient s'acharner à sa poursuite.

Attaquer l'ennemi tous les matins, lui tuer le plus de

monde possible, l'obliger à rester concentré; puis, le soir, après l'avoir contraint à une lutte sanglante, faire quelques lieues vers l'objectif de la retraite; le lendemain, harceler de rechef les troupes allemandes, les fatiguer par de nouveaux combats; puis, repartir ensuite vers la Sarthe : telle fut l'habile et patriotique conception du général Chanzy.

VI

Cette première partie de son plan s'exécuta du 5 au 20 décembre, dans une série d'engagements qui portent le nom de bataille de Josnes.

Le 6, combat de Foinard.

Le 7, engagement de Vallière, combats de Langlochère et de Messas, combats de Villechaumont et de Cravant.

Le 8, bataille de Villorceau.

Le 10 décembre, après ces combats acharnés où le succès couronna chaque fois nos efforts, il devenait urgent d'accentuer le mouvement de retraite et de se diriger vers la rivière du Loir.

Le général Chanzy, qui pendant cette lutte de plusieurs jours, ne cessa d'animer les troupes par son exemple, d'exciter leur ardeur et leur enthousiasme; donnait le 10, à onze heures du soir, les instructions suivantes, qui peuvent passer, à bon droit, comme un modèle du genre :

« Josnes, 10 décembre 1870.

» Depuis quatre jours nous luttons avec avantage contre les efforts de l'ennemi. La journée d'aujourd'hui a été très-bonne ; l'ennemi a été débusqué d'Origny à la pointe du jour, et l'attaque dirigée sur l'aile gauche et sur le centre a été repoussée avec beaucoup de vigueur. Nous avons fait quatre cents prisonniers. Un parti allemand, descendant sur la rive gauche, s'est présenté devant Blois, dont le pont a été détruit ce matin par nous. Il se peut que la ville soit bombardée cette nuit ou demain matin, et qu'on entende la canonnade de ce côté.

» On prendra demain matin, en vue d'une nouvelle attaque, les mêmes dispositions qu'aujourd'hui, pour les reconnaissances à faire et pour les positions de combat à occuper.

» Si, à dix heures, l'ennemi n'a fait aucune menace, tous les corps opèreront leurs mouvements de retraite prescrits, pour venir s'établir sur la ligne qui, partant de Poisly, vient aboutir à Avaray par Lorges, Briou, Roches, Concriers, Seris et Villegonceau.

» Chaque commandant de corps d'armée choisira, sur la partie de cette ligne qu'il doit occuper, les positions de défense les plus avantageuses, en se reliant exactement avec les autres corps, en s'éclairant en avant, et en se couvrant par des avant-postes poussés au loin. Chacun d'eux donnera des ordres pour la direction de ses convois, qui devront toujours précéder le mouvement de retraite d'au moins quatre kilomètres.

L'amiral Jauréguiberry conservera jusqu'à nouvel ordre le commandement de l'aile droite.

» Les parcs, les grands convois, les réserves d'artillerie et les ambulances, devront être dirigés, dans chaque corps, sur des points bien déterminés, pour empêcher l'enchevêtrement, tout en assurant leur sécurité et le service des approvisionnements en vivres et en munitions.

» La direction générale du 21e corps, dans le mouvement de retraite, sera sur Fréteval; celle du 17e corps, sur Oucques; celle du 16e, sur Pontijoux, Selommes et Vendôme.

» Le grand quartier-général, à moins d'ordres contraires, sera demain soir à Talcy.

» On devra compléter les munitions brûlées aujourd'hui, et s'assurer, dans tous les corps, que les hommes ont bien leurs deux jours de vivres de réserve et deux jours de vivres de consommation, de façon à ce que tout le monde soit aligné jusqu'au 14 inclus. L'exécution de cet ordre est de la plus haute importance pour assurer le mouvement que l'armée va faire. »

Le 11, le mouvement en retraite sur le Loir recevait son commencement d'exécution, au milieu des difficultés et des périls de toute nature. Mais, grâce à l'habileté des dispositions prises, il s'effectua sans que l'ennemi pût s'en apercevoir et s'y opposer efficacement.

Le 13 décembre, la deuxième armée arrivait sur la ligne du Loir, et le quartier-général était installé dans l'importante position militaire de Vendôme.

L'aile droite, sous les ordres de l'amiral Jauréguiberry, occupait une série de positions formant un demi-cercle en avant de Vendôme qu'elles couvraient sur la rive gauche, surveillant en même temps les routes de Blois et de Château-Renault.

La cavalerie du 16e corps, laissant sur la rive gauche quelques escadrons pour surveiller les routes de Blois et de Château-Renault, avait passé le Loir à Vendôme et s'était cantonnée autour de Courtiras.

La 1re division du 17e corps était installée sur la rive droite des Tuileries, au Poirier, pour défendre, en avant, la route de Villetron, et en arrière, le pont de Meslay.

Les deux autres divisions du 17e corps, de La Haie-de-Champ à Pézou, dominant la vallée du Loir.

La cavalerie du 17e corps à La Ville-aux-Clercs.

Le 21e corps échelonné de Pézou à Saint-Hilaire, le long de la route de Tours à Chartres; la 1re division à Saint-Hilaire, dont elle défendait le pont; la 2e à Mont-Henry; la 3e à hauteur de la ferme de Plessis, détachant une brigade au vieux château de Fréteval pour défendre l'accès de cette ville par la rive gauche.

Enfin, la division de Bretagne (4e du 21e corps), sous les ordres du général Goujard, division dont faisait partie nos mobilisés nantais, et qui venait de rejoindre l'armée de la Loire, se développait le long du Loir et de la petite rivière de Drové, occupant Cloyes pour protéger la gauche de l'armée et surveiller les mouvements que l'ennemi pouvait faire aux environs de Châteaudun ou au nord de la forêt de Marchenoir.

C'est dans cette situation et au moment où cette vaillante armée s'apprêtait à défendre la ligne du Loir, qu'eurent lieu les combats préparatoires de Morée et de Fréteval, où l'ennemi chercha à tâter nos positions extrêmes.

Mais l'attaque allait être générale, et Chanzy comprit qu'avant de gagner enfin la Sarthe et l'Huisne, fidèle à sa tactique audacieuse, il devait, loin de poursuivre sa retraite, attendre de nouveau l'ennemi pour lui disputer, suivant son habitude, le terrain pied à pied. De la sorte, après avoir tenu bon sur les positions du Loir, il devait lui être possible de gagner Le Mans sans désordre et sans risques d'être arrêté ou coupé par l'armée allemande.

A la veille de cette nouvelle lutte, le 15, au matin, le général en chef adressait à ses troupes l'ordre du jour suivant :

« Soldats de la deuxième armée,

» Depuis quinze jours vous n'avez pas cessé de combattre. Vous avez lutté énergiquement contre la principale armée allemande, commandée par le prince Frédéric-Charles; et si chaque jour vous n'avez pas complètement battu l'ennemi comme à Vallière, à Coulmiers et à Villepion, vous n'avez jamais subi de défaites, puisque chaque soir vous avez couché sur vos positions disputées avec acharnement de l'aube à la nuit. Pendant cinq jours, la deuxième armée, appuyant sa droite à la Loire, sa gauche à la forêt de Marchenoir, s'est maintenue dans ses lignes en avant de Josnes; et les batailles des 7, 8 et 9 décembre ont été aussi glorieuses pour vous que funestes à l'ennemi, qui, de l'aveu de ses prisonniers, a subi des pertes considérables, surtout en officiers de tous grades.

» Des considérations stratégiques vous ont ramenés sur les positions que vous occupez actuellement. Vous les conserverez, quels que soient les nouveaux efforts de l'ennemi, qui ne s'acharne à vous que parce qu'il sait que vous êtes pour lui l'obstacle et la résistance.

» Ce que vous venez de faire, malgré des privations forcées, des fatigues incessantes, le froid, la neige, la boue de vos bivouacs, vous le continuerez, puisqu'il s'agit de sauver la France, de venger notre pays envahi par des hordes de dévastateurs.

» Pour nos nouveaux efforts, il faut l'ordre, l'obéissance, la discipline; mon devoir est de l'exiger de tous : je n'y faillirai pas. La France compte sur votre patriotisme, et moi, qui ai l'insigne honneur de vous commander, je compte sur votre courage, votre dévoûment et votre persistance.

» *Le général en chef*,

» Signé : CHANZY. »

Commencèrent alors une seconde série de combats sanglants, et qui marquent la seconde ligne d'étapes de cette retraite entre la Loire et la Sarthe. L'armée installée sur la rive droite du Loir était éclairée en avant par Vendôme, devenu une véritable tête de pont que l'on pouvait évacuer facilement si l'on ne pouvait se maintenir sur la rive gauche.

Le 15 se livrait la bataille de Vendôme. Pendant que les corps d'armée et les divisions prenaient leurs divers emplacements, l'ennemi marchait en forte colonne vers la ville de Vendôme. Le combat fut rude.

A la nuit, nous avions gardé toutes nos positions en avant du Loir, et les Allemands voyant que leurs efforts pour nous refouler sur Vendôme n'étaient couronnés d'aucun succès, battaient en retraite, laissant presque tout leurs morts sur le terrain.

C'était une victoire!

Malheureusement les évènements ne nous étaient pas aussi favorables sur d'autres points.

D'autre part, les troupes étaient harassées de fatigue. Ces luttes incessantes les avaient presque épuisées. Le temps était affreux. Une neige épaisse couvrait la terre et il fallait bivouaquer tous les soirs dans la boue et l'humidité.

Il devenait indispensable de songer à gagner la Sarthe dans le plus bref délai. Le mouvement fut d'abord exécuté par les 16e et 17e corps, qui battirent en retraite les premiers, sous la protection des batteries qui restèrent à Vendôme, jusqu'au moment où les troupes de ces corps furent à l'abri des feux de l'ennemi.

Pendant ce temps, les Allemands dirigeaient de nouvelles attaques contre notre aile gauche, le 21e corps, dans la partie supérieure du haut du Loir.

Le 16, le général Rousseau (1re division du 16e corps) attaquait Morée. Le soir, il recevait l'ordre de retraite, et après avoir couché sur ses positions, le général Rousseau repassait sur la rive droite pour suivre le mouvement général de l'armée.

La marche de la deuxième armée vers le Mans s'exécuta le 17 pour les 16e, 17e et 21e corps sans autre incident sérieux que l'attaque, par une colonne ennemie qui s'était glissée dans les bois, de l'arrière-garde de la 2e division du 17e corps, commandée par le lieutenant-colonel Kock.

Un bataillon du 51e et deux pièces qui marchaient avec lui soutinrent vaillamment ce choc, purent y résister, et l'ennemi, voyant qu'on était partout sur ses gardes, abandonna le mouvement tournant qu'il paraissait vouloir essayer sur notre droite.

Il n'en fut pas de même pour la division de Bretagne (général Gougeard) placée à l'extrême gauche de l'armée. Arrivée dans la nuit du 16 à Droué, elle y fut surprise, le 17 au matin, par une colonne d'éclaireurs ennemis.

Un certain désordre, un commencement de débandade résultèrent de cette attaque subite.

L'énergie du général Gougeard et celle de son chef d'artillerie M. Coq, lieutenant de vaisseau, évitèrent un désastre complet à cette division. En un clin d'œil, des mitrailleuses s'installèrent sur la place même du village de Droué, balayèrent le terrain pendant que quelques compagnies, jetées en avant, repoussèrent les Allemands après leur avoir infligé des pertes sensibles.

Parmi les cadavres abandonnés sur le terrain figuraient ceux de deux officiers supérieurs. D'autre part, nos braves mobilisés, revenus de leur premier moment de surprise, leur firent vingt et un prisonniers.

De notre côté, nous avions eu quatorze tués et trente-cinq blessés. Parmi les morts, nous eûmes à déplorer celle du commandant d'artillerie Rodelec, du Porzic, tué près de ses pièces dans l'intérieur du village.

A une heure, cette division, si gravement compromise un instant, était sauvée, et elle pouvait se remettre en route pour venir camper le soir à Saint-Agile.

VII

Le 20 décembre, les derniers mouvements de retraite de la deuxième armée étaient terminés. Elle s'installait définitivement dans les positions qui lui étaient assignées en avant et autour du Mans, en attendant qu'un nouveau plan d'opération fût décidé, ou que l'attaque de l'ennemi l'obligeât à recommencer la lutte.

Le 22, l'un de nos camarades de promotion de l'école militaire, M. de Boisdeffre, aide-de-camp du général Trochu, parti de Paris en ballon (1), venait trouver le général Chanzy, porteur de communications verbales de la plus haute importance de la part du gouverneur de Paris. Celui-ci, *dès le 22 décembre*, prévenait le général en chef de l'armée de la Loire que

(1) M. de Boisdeffre, alors capitaine, aujourd'hui chef d'escadron d'état-major, était parti dans le *Lavoisier*, l'un des ballons-postes construits et lancés de Paris pendant le siége par M. Eugène Godard, le célèbre aéronaute.

la capitulation de Paris se produirait infailliblement vers le 15 janvier, et il l'invitait à faire un dernier et suprême effort pour débloquer la capitale.

Le général Chanzy conçut dès lors le projet, après avoir réorganisé et ravitaillé son armée, de la lancer immédiatement par un effort désespéré dans la direction de la capitale, de prendre une offensive vigoureuse, décisive, et de s'ouvrir coûte que coûte un passage à travers les lignes ennemies. Tel ne fut point l'avis de la délégation de Bordeaux, et, malgré les instances les plus vives, il fut convenu que l'armée de la Loire s'installerait en avant du Mans sur les positions qui protègent cette ville et qu'elle y attendrait le choc de l'ennemi. Dès lors, au lieu de songer à l'attaquer, Chanzy ne s'occupa plus que du soin de lui disputer le terrain pied à pied.

« Ce n'est pas, disait-il le 8 janvier, avec cet accent » sympathique et énergique qui aurait engendré la con- » fiance chez les plus ébranlés, ce n'est pas le terrain » que j'aurais choisi... Mais enfin, j'y tiendrai bien dix » jours si mes hommes le veulent, et dans dix jours je » serai renforcé par le 19e corps, j'aurai 25 mille » hommes de plus, je battrai les Allemands et je mar- » cherai sur Paris ! »

Et cependant, le général en chef, torturé par de vives souffrances, déployant contre la maladie qui l'étreignait la plus indomptable énergie, passant ses nuits et ses jours au travail, installant ses troupes sur leurs positions de combat, les réorganisant presque sous le feu de l'ennemi qui s'avançait à grands pas, se préparait à cette lutte à outrance qui devait prendre fin par la plus fatale des paniques que l'histoire militaire ait enregistrées.

VIII

Dès qu'un peu d'ordre eut été rétabli, le général en chef, afin de ne pas permettre à l'ennemi de le serrer de trop près, de ne pas supporter la honte de voir réquisitionner le pays, sous les yeux d'une armée française, de tromper l'ennemi sur ses véritables intentions, fit donner l'ordre aux généraux Jouffroy et Rousseau, le premier du 17ᵉ corps, le second du 21ᵉ, de se diriger : le premier sur Vendôme, le second sur la Ferté-Bernard, chacun avec une colonne mobile, chargée d'inquiéter et de refouler l'ennemi.

Mais l'armée allemande s'était renforcée de son côté. Mettant à profit notre inaction, elle marchait sur le Mans, le grand duc de Mecklembourg, par les routes du Nord et du Nord-Est; le prince Frédéric-Charles par le Sud.

Les généraux Jouffroy et Rousseau, vigoureusement attaqués par des forces considérables, se replièrent sur le Mans dans les premiers jours de janvier, au moment où allait se livrer la grande bataille de trois jours.

IX

On sait que le Mans est à cheval sur la rivière la Sarthe, qui coule du Nord au Sud dans une vallée fertile. La rivière, en cet endroit, est couronnée par des coteaux escarpés sur lesquels une grande partie de la ville est construite.

A quelques kilomètres en dessous du Mans, en un point que l'on nomme le *Gué-de-Maulny*, la Sarthe reçoit les eaux de son affluent le plus important de la rive gauche, l'Huisne, dont les bords devaient servir de théâtre aux péripéties les plus sanglantes de la bataille du Mans.

L'Huisne, qui prend sa source près de Mortagne dans le département de l'Orne, coule d'abord du Nord-Est au Sud-Ouest, faisant avec le cours général de la Sarthe un angle de 45 degrés. Lorsqu'elle arrive à 20 kilomètres de son confluent, à un village que l'on nomme Champagné, son thalveg se relève perpendiculairement vers le Nord, puis s'infléchit à gauche normalement au cours de la Sarthe; enfin, après avoir suivi cette nouvelle direction pendant 4 kilomètres, l'Huisne redescend à Yvré-l'Evêque, brusquement vers le Sud-Ouest, pour se jeter dans la Sarthe au Gué-de-Maulny, l'un des faubourgs du Mans.

Il en résulte, et ceci est important à noter, que par suite de ces déviations, l'Huisne forme de Champagné à Yvré un arc de cercle dont la convexité est tournée vers le Nord. La partie concave regardant le Sud est occupée par le plateau d'Auvours.

La route et le chemin de Paris venant de Chartres, de Nogent et de la Ferté-Bernard, se dirigent presque en droite ligne de Champagné à Yvré, traçant ainsi entre ces deux points la corde de l'arc de cercle formé par la rivière ; ces voies franchissent l'Huisne à Yvré, et arrivent au Mans en contournant les plateaux qui entourent cette ville sur la rive droite de la Sarthe.

D'ailleurs, lorsqu'on se dirige vers le Mans entre Champagné et Yvré, on laisse sur la gauche une série de mamelons qui s'étendent le long de la rive gauche de l'Huisne et vont mourir à Arnage, station du chemin de fer du Mans à Tours. Ces collines ondulées et boisées, formant un dos de terrain ou plateau que nous nommerons le plateau des *Tertres*, constituent une ligne oblique de défense naturelle et continue, se développant entre le cours inférieur de la Sarthe, la route de Tours au Sud-Ouest, et le cours de l'Huisne au Nord-Est.

La vallée de l'Huisne était la voie principale, la plus praticable à coup sûr, par laquelle l'invasion devait se précipiter sur le Mans. D'autre part, trois routes importantes, venant de la grande vallée de la Loire, dont l'ennemi était alors maître jusqu'à Tours, montent vers le chef-lieu de la Sarthe, perpendiculairement à la Loire. La première est celle de Tours, qui passe par Ecommoy, Mulsanne et la Tuilerie ; la seconde, à l'Est de la première, va du chef-lieu d'Indre-et-Loire au Mans en prenant par Grand-Lucé et Parigné ; la troisième se dirige de Vendôme au Mans par Saint-Calais.

Les deux premières de ces voies, après s'être écartées dans leur tracé, gravissent le plateau des Tertres et se réunissent près du Gué-de-Maulny, au rond-point du faubourg de Pontlieue, et à deux kilomètres du Mans. Quant à la route de Saint-Calais, elle rejoint la ligne de Paris, quelques mille mètres avant le pont d'Yvré.

En résumé, quatre grandes routes convergent vers le Mans : 1° celle de Paris; 2° de Saint-Calais ; 3° de Parigné; 4° d'Ecommoy.

C'était par elles que les forces ennemies devaient arriver pour tenter un effort décisif contre les derniers défenseurs de la patrie. Les Allemands étaient divisés en deux grandes masses ; la première, sous les ordres de Mecklembourg, s'avançait par les routes du Nord et du Nord-Est; la seconde, commandée par Frédéric-Charles, suivait celles de Saint-Calais et de Parigné. Toutefois la ligne d'Ecommoy était la moins menacée, peu de partis ennemis y étaient signalés. Il en résultait que le point le moins dangereux des environs du Mans était donc l'extrémité Sud-Ouest du plateau des Tertres.

X

A la date du 8 janvier, l'ennemi s'avançait de tous côtés à la fois. Une attaque devenait imminente. Voici quelles furent les dispositions excellentes arrêtées par le général en chef.

Pour assurer efficacement la défense du Mans, il divisa le terrain menacé en trois grands secteurs, ainsi décrits dans les instructions données le 10 au matin :

Positions à prendre le 10 janvier au matin.

« 1° En avant de Pontlieue, les hauteurs qui vont

d'Arnage jusqu'au-dessous de la gare d'Yvré-l'Evêque, et que borde le Chemin-aux-Bœufs (1);

» Dans cette première partie la défense sera assurée :

» Entre la Sarthe et la route de Tours, par les troupes de Bretagne, général Lalande (2).

» Entre la route de Tours et celle de Parigné, par la division Deplanque, laissant la brigade Ribell sur les hauteurs au-dessus de Changé, jusqu'à son remplacement par le 17e corps.

» Enfin, entre la route de Parigné jusqu'à la gare d'Yvré, par les divisions Roquebrune et Jouffroy, du 17e corps; la première à droite, s'appuyant à la route de Parigné et menaçant ce dernier village; la seconde (Jouffroy), à hauteur de Changé, se reliant par la gauche avec la division Paris établie sur le plateau d'Auvours.

» Lorsque les 2e et 3e divisions du 16e corps seront rentrées dans les lignes, le général Le Bouëdec s'installera en réserve autour de Pontlieue, avec l'amiral Jauréguiberry, chargé de la défense de ce premier secteur.

» 2° Entre l'Huisne et la route de Saint-Calais, par les troupes de la 2e division du 17e corps, occupant fortement le plateau d'Auvours, conjointement avec la division Gougeard du 2e corps.

» La division Gougeard sera installée, partie sur le

(1) Le Chemin-aux-Bœufs suit la crête du plateau des Tertres, depuis Arnage jusqu'à la gare d'Yvré.

(2) La division Lalande se composait de 8,000 mobilisés venant du camp de Conlie.

plateau, partie le long de l'Huisne, pour garder les ponts et les villages de Champagné et de Saint-Mars.

» Le général de Colomb sera chargé de la défense du plateau.

» 3° Entre l'Huisne et le cours supérieur de la Sarthe, à partir des hauteurs qui dominent Connerré sur la rive droite, la défense sera assurée par le général Jaurès, avec les trois autres divisions du 21e corps. »

XI

C'est dans ces conditions que la bataille s'engagea le 10 au matin. Elle devint peu à peu générale, sur cette grande ligne de 50 kilomètres, se développant en demi-cercle en avant du Mans, appuyant sa droite à Arnage et sa gauche à Beaumont.

L'engagement n'eut point lieu sur toute la ligne. Notre droite, allant d'Arnage à la route de Parigné, n'eut point à subir le choc de l'ennemi. Mais il fut rude depuis la route de Parigné jusqu'à la gare d'Yvré-l'Evêque, c'est-à-dire sur la partie du plateau des Tertres comprise entre cette route de Parigné et la rive gauche de l'Huisne; il fut rude sur l'un des points du troisième secteur, à Champagné, la clef du plateau d'Auvours du côté de l'Est.

Vers midi, à la suite de combats successifs engagés depuis le matin; d'attaques sur nos colonnes qui cherchaient à venir prendre leur place de bataille en avant du Chemin-aux-Bœufs, l'ennemi était maître de Parigné. Nos colonnes ayant vivement souffert se repliaient devant lui, et il eut continué sa route sur le Mans, qui aurait pu être sérieusement menacé le soir, sans le général de Roquebrune qui installa deux pièces de 7 au milieu de la route, à son point culminant, de manière à enfiler la voie qui se déroule en droite ligne du sommet du plateau des Tertres dans la direction de Parigné. Aux premiers coups tirés, les troupes ennemies se jetèrent à droite de la route, dans les bois de sapins qui l'entourent. Ces deux canons continuèrent à fouiller les abords de la route. Leur effet fut si complet que l'ennemi s'arrêta et n'essaya plus de nous inquiéter de nouveau, sur ce point, dans la journée du 10.

La lutte était plus sérieuse encore à gauche de la route de Parigné. L'ennemi, maître de ce dernier village, avait de suite lancé ses troupes contre le village de Changé. Le colonel Ribell essaya en vain de le reprendre, il ne put y parvenir. Le général en chef lui donna l'ordre de se replier et d'assurer solidement la défense de la trouée comprise entre les dernières pentes du plateau et le cours de l'Huisne. Le colonel Ribell exécuta cet ordre avec la plus grande vigueur, contint l'ennemi et l'empêcha de nous couper entre le deuxième et le troisième secteur. Il occupa solidement le Tertre-Rouge, situé sur la crête du plateau des Tertres, en arrière de Changé. Arrêté par cette forte position, l'ennemi fut dans l'impossibilité de faire un pas en avant; il dut attendre au lendemain pour recommencer la lutte.

En résumé, le 10 au soir, nous étions maîtres de nos positions depuis Arnage jusqu'à la trouée d'Yvré-l'Evêque, c'est-à-dire maîtres du premier secteur.

Mais malheureusement nous avions perdu le village de Champagné situé à l'Est, sur les dernières pentes du plateau d'Auvours, au bord de l'Huisne et en avant d'un pont conduisant, soit à Yvré-l'Evêque par derrière le plateau, soit dans les diverses positions du troisième secteur. Maître de Champagné, l'ennemi pouvait donc s'emparer plus facilement des hauteurs d'Auvours.

Voici comment les faits s'étaient passés :

Nous avons déjà dit de quelle façon la défense avait été assurée dans le deuxième secteur, c'est-à-dire entre la trouée d'Yvré et Champagné; la division Paris occupait le plateau, et la division Gougeard, du 21e corps (1), était chargée, avec ses mobilisés, d'en garder les deux flancs.

Le général Gougeard, de sa personne et avec une

(1) La division Gougeard, réorganisée quelques jours auparavant, était ainsi composée :

1re BRIGADE, colonel Bel; 1re *demi-brigade :* trois bataillons de la Loire-Inférieure (Nantes, Chantenay et Saint-Nazaire), un bataillon formé par les détachements du 25e et du 86e régiments de marche; 2e *demi-brigade :* détachements du 62e et du 97e de marche formant un bataillon, un bataillon des mobilisés de Brest.

2e BRIGADE, colonel de Pinaud; 1re *demi-brigade :* un bataillon du 19e de marche, 1er bataillon des mobiles de la Mayenne, un bataillon des mobilisés de Quimper; 2e *demi-brigade :* une compagnie de la légion étrangère, un bataillon des mobilisés de Lorient et de Vannes, un bataillon composé de mobiles de la Loire-Inférieure (Savenay) et des Côtes-du-Nord.

brigade, la deuxième, occupait fortement l'extrémité Ouest du plateau, c'est-à-dire le village d'Yvré, le pont qui traverse l'Huisne et relie Yvré à Auvours; enfin, les hauteurs du Luart dominant la trouée du chemin de fer entre le premier et le deuxième secteur.

La première brigade, sous les ordres du colonel Bel, occupait la rive droite de l'Huisne, Champagné et quelques points en arrière et sur les crêtes du plateau.

Ceci posé, dans la journée du 10, l'ennemi n'attaqua que les deux flancs du plateau, défendus par les deux fractions de la division de Bretagne. A droite, vers onze heures du matin, les troupes cantonnées à Yvré, sous les ordres du général Gougeard, marchèrent dans la direction d'Ardenay, où des reconnaissances avaient signalé déjà la présence de l'ennemi. La colonne avait été renforcée, dès le matin, du bataillon des volontaires de l'Ouest et du 5e bataillon des mobiles des Côtes-du-Nord. A 1,500 mètres en avant de la ferme de Saint-Hubert, nos tirailleurs débusquèrent des troupes prussiennes. Après un vif combat de mousqueterie et d'artillerie qui dura jusqu'à cinq heures, cette partie de la division de Bretagne, qui n'avait pas perdu un pouce de terrain, mais qui n'avait été appuyée ni sur la droite, ni sur la gauche, se replia, à cinq heures et demie, sur Yvré-l'Evêque, où elle occupa fortement la passerelle des Arches, le pont d'Yvré et le vieux pont, ainsi que les hauteurs du Luart et de La Croix, ses avant-postes courant jusqu'à la gare d'Yvré.

A Champagné, les événements nous furent beaucoup moins favorables. Le 10 au matin, ce village et ses environs n'étaient occupés que par une partie de la brigade Bel, c'est-à-dire par les six compagnies du 1er bataillon de Nantes, sous les ordres du commandant Viellè, et par le bataillon de Saint-Nazaire. Quatre compagnies nantaises (4e, 3e, 2e et 1re) (1) avaient été placées en grand'gardes le long du chemin de fer, ainsi que l'indique le plan qui se trouve à la fin du volume, entre le cimetière et la voie. Attaquées, vers une heure, par un régiment prussien posté dans les bois qui bordent la voie ferrée de l'autre côté, ces compagnies se déployèrent en tirailleurs et essayèrent de contenir la colonne ennemie. Devant la supériorité du nombre, elles durent bientôt se replier sur le cimetière et l'intérieur du village, afin d'y continuer plus efficacement leur résistance et d'y retrouver les autres compagnies de réserve.

En traversant le terrain découvert qui sépare le village du chemin de fer, elles perdirent beaucoup de monde; l'une d'elles, retranchée dans le cimetière, arrêta, pendant quelque temps encore, la marche de l'ennemi, pendant que les autres se ralliaient, dans l'intérieur du village, aux autres compagnies et au bataillon de Saint-Nazaire qui venait d'accourir sur le théâtre de la lutte.

Mais à ce moment, le régiment ennemi, après avoir franchi la voie ferrée et s'être déployé en tirailleurs,

(1) Dès le commencement de l'action, la 4e compagnie, qui se trouvait à 1,500 mètres des autres, fut coupée de Champagné, et dut, pour échapper à l'ennemi, traverser l'Huisne en nacelle à quelques kilomètres au-dessus du village.

s'avançait, en une ligne circulaire, depuis les dernières pentes du plateau jusqu'au cours de l'Huisne, de manière à entourer complètement Champagné. Les Nantais et le bataillon de Saint-Nazaire continuèrent à tirer des rues, des maisons. Ce fut en vain, les Allemands pénétrèrent rapidement jusqu'à l'entrée de la principale rue du village conduisant au pont; le combat continua presque corps à corps, de maison à maison. La résistance ne pouvait durer plus longtemps; ces compagnies battirent en retraite, afin de regagner la rive droite de l'Huisne. Elles se trouvèrent mêlées, à l'entrée du pont, en une masse confuse exposée aux balles de l'ennemi qui tirait du haut de la rue principale; un instant quelques officiers énergiques eurent la pensée de remonter la rue et de charger à la baïonnette. Il fallut y renoncer. La nuit était venue. Grâce à l'obscurité, nos braves mobilisés purent échapper à l'ennemi : les uns se rendirent pendant la nuit à Parance et de là à Yvré; les autres remontèrent le plateau d'Auvours où ils couchèrent dans les campements de la division Paris.

Mais pendant la nuit, les Prussiens, peu sûrs de leur conquête, abandonnèrent Champagné. Dès le 11 au matin, avant la grande bataille de ce jour, le colonel Bel avait rallié une partie du bataillon de Nantes qui s'était battu la veille, et, avec une partie de la demi-brigade Daguet qui avait quitté Montfort, était venu réoccuper cette position importante en s'y barricadant solidement, de manière à mieux recevoir que la veille le choc de l'ennemi.

XII

Telle était donc, le 11 au matin, la situation générale de la deuxième armée en avant du Mans, nous avions maintenu ou repris nos lignes en face de l'ennemi, et nous n'avions plus qu'à attendre l'effort décisif qu'il se proposait d'exécuter.

De grandes défaillances avaient eu lieu dans la journée du 10. L'offensive vigoureuse ordonnée par Chanzy n'avait point été prise ; la défense de positions de premier ordre n'avait été assurée qu'imparfaitement; certaines de ces positions n'avaient été défendues que mollement. Un assez grand nombre de fuyards s'était rabattu vers le Mans en dépit de toutes les précautions prises pour les arrêter. Le 10 au soir, le général en chef était en proie à un vif mécontentement; résolu, avec son indomptable énergie, à pousser la résistance jusqu'à ses plus extrêmes limites, il adressa à tous les corps, dans la nuit du 10 au 11, des instructions générales destinées à couper court aux faiblesses et aux désordres partiels de la journée.

Les secteurs de combat restaient les mêmes.

Il importe de remarquer que, ainsi que la veille, l'effort de l'ennemi devait se porter sur notre centre, c'est-à-dire sur le plateau d'Auvours, de Changé et la trouée d'Yvré-l'Evêque qui les sépare. C'était, en effet, par la route de Paris que les masses allemandes se présentaient en force, c'est par là que l'accès du Mans leur était incontestablement le plus facile. Quant à notre extrême droite, c'est-à-dire à la partie du Chemin-aux-Bœufs comprise entre la Tuilerie et Arnage, elle était presque en dehors de la ligne des feux. C'est pour cela que les troupes les moins expérimentées, celles du général Lalande, y avaient été placées; avant leur panique du soir, elles n'eurent pas un seul engagement pendant la journée du 11. D'ailleurs, et quoiqu'elles fussent installées dans une position presqu'inexpugnable, le général en chef avait poussé la précaution jusqu'à les faire soutenir solidement, et sur leurs derrières, et sur leur droite. Derrière elles, à Pontlieue, le général Le Bouëdec était en réserve avec sa division. A leur droite enfin, la division Barry, installée autour d'Arnage, devait être prête à les appuyer à tout moment (1).

(1) La division Barry se composait alors d'une seule brigade : 3e bataillon de marche des chasseurs à pied, 31e régiment de marche d'infanterie, 22e régiment de la garde mobile (Dordogne). Mais elle avait été renforcée, le 10, par une brigade de mobilisés, forte de 4,500 hommes, et commandée par le lieutenant-colonel Lebrun. Cette brigade, venant de Saint-Georges-du-Plain, avait été prise dans la division Gougeard ou à Conlie. Elle se composait ainsi : un bataillon de Quimper, commandant Verchin; un bataillon de Lannion, commandant Penhoat; 2e bataillon de la Loire-Inférieure et un demi-bataillon des Deux-Sèvres, commandant Parnodeau; un bataillon de Saint-Brieuc, commandant Priou; un bataillon du Morbihan, commandant Gaudin; un bataillon de Brest, commandant Merle.

XIII

La grande affaire du 11, engagée dès le matin, se passa fort bien, malgré la neige et la fatigue; les troupes, placées dans de bonnes positions, électrisées par le général en chef qui avait parcouru le front de leurs lignes au moment de la bataille, s'étaient partout maintenues. Notre extrême droite, c'est-à-dire la portion du premier secteur comprise entre Arnage et la Tuilerie, et occupée par les mobilisés Lalande, n'avait pas été sérieusement attaquée.

Au centre de ce secteur, le général de Roquebrune avait victorieusement résisté aux efforts incessants de l'ennemi; à sa gauche, le général Jouffroy avait un peu reculé devant Changé. Mais dans le deuxième secteur, et pour la seconde fois, le général de Colomb avait perdu l'important village de Champagné, l'un des accès du plateau d'Auvours.

Voici, d'ailleurs, quelques détails sur les incidents de la lutte dans le deuxième secteur :

La droite, sous les ordres directs du général Gougeard, maintint toutes ses positions; elle empêcha l'ennemi de prendre pied en face d'elle. Mais la gauche perdit Champagné. Ainsi que nous l'avons dit plus haut. Dès le 11 au matin, le colonel Bel, avec les compagnies nantaises qu'il avait pu rallier, avec le bataillon de Saint-Nazaire et des compagnies du 25e, avait réoccupé Champagné et s'y était barricadé. Vers neuf heures du matin, l'ennemi ouvrit le feu contre le village, qui ne tarda pas à être entièrement enveloppé, comme la veille, par les colonnes allemandes. La lutte s'engagea dans le village, de maison à maison, de barricade à barricade, et, après des efforts qui durèrent jusqu'à une heure, la gauche de la division Gougeard dut évacuer Champagné et se replier sur la rive droite de l'Huisne. Dès le commencement de l'action, le colonel Bel, au moment où, après avoir installé sa troupe, il remontait le plateau d'Auvours, était tombé mortellement frappé par une balle qui lui traversa la poitrine. Quelque temps après, M. de Trégomeun, commandant le bataillon de Saint-Nazaire, fut tué en défendant les dernières maisons du village.

Maître de Champagné, l'ennemi escalada de suite les pentes ouest du plateau d'Auvours, pendant que d'autres colonnes allemandes l'attaquaient de front. La division Paris, qui l'occupait, prise entre deux feux, ne tarda pas à l'abandonner. Il importait de le reprendre à tout prix. La situation devenait grave : de grandes masses s'avançaient par la trouée d'Yvré, s'apprêtant à nous percer par notre centre. Déjà elles s'étaient fortifiées dans le château des Arches. Le général en chef se trouvait, précisément à cette heure aux batteries du Luart, en face de la trouée. Il fit diriger un feu d'artillerie des plus vifs contre les Allemands ; le château des Arches fut incendié par le premier obus, aux applaudissements enthousiastes de tout l'état-major. D'autre part, le général Chanzy ayant ordonné au général Gougeard de reprendre le plateau d'Auvours, coûte que coûte ; Gougeard, à la tête d'une colonne de 2,000 hommes, omposée en grande partie des volontaires de l'Ouest, vec un entrain, une énergie, une vigueur admirables, ulbuta l'ennemi à la baïonnette et lui reprit la position d'Auvours.

Enfin, dans le troisième secteur, entre la rive droite e l'Huisne et la rive gauche de la Sarthe, le général aurès, à la suite de combats non moins sanglants, dans esquels les 1re et 2e divisions du 21e corps perdirent ,000 hommes, nous garda, ou à peu près, toutes nos ositions.

Donc, à six heures et demie du soir, quand le général n chef quitta le champ de bataille, c'était une journée gagnée, si bien gagnée que les Allemands (eux-mêmes 'ont avoué) commençaient à battre en retraite, renonçant à recommencer l'attaque.

Alors se passa, dans la soirée, un fait étrange et lamentable. Les mobilisés de Bretagne du général Lalande, chargés, avec deux batteries d'artillerie, de garder la Tuilerie, dans la position inexpugnable que nous avons décrite, cédant à la plus incroyable des paniques, se retirèrent, sans lutter, devant une colonne prussienne qui tâtait le terrain, et qui s'établit aussitôt sur cette importante position.

Cet abandon était des plus graves, notre ligne percée, l'ennemi pouvait nous tourner et nous couper la retraite.

Aucun combat n'ayant eu lieu, la division qui se trouvait à gauche des mobilisés bretons ne sut rien de ce qui venait de se passer. D'ailleurs la nuit était profonde et la neige tombait à gros flocons. Bientôt, et grâce à l'obscurité, de nouvelles troupes allemande vinrent silencieusement s'installer sur les positions d général Lalande.

Le général en chef, averti à dix heures du soir, donna l'ordre de reprendre coûte que coûte, dans la nuit, la position. Deux attaques successives menées par le général Le Bouëdec avec son intelligence et son courage habituels, n'y purent parvenir. On trouvera plus loin le récit détaillé de ces efforts, récit écrit par le général lui-même. Une nouvelle tentative, le lendemain matin, échoua également. Les troupes fatiguées, attaquées sur toute la ligne par un ennemi dont l'audace avait été encouragée par le succès, pliaient sur tous les points. Le général en chef, sur l'avis instant de l'amiral Jauréguiberry, dut ordonner la retraite, pour ne pas risquer, si grand que fut son désespoir, de perdre entièrement la dernière armée de la France.

Le général Chanzy aurait voulu se retirer sur Alençon, et se réorganiser sur ce point qui, loin de l'éloigner le rapprochait de Paris, qui restait toujours son objectif. D'ailleurs, le 19e corps, fort de 25,000 hommes en formation dans la Normandie, était prêt à le rejoindre dans l'Orne. Mais le ministre lui prescrivit d'une manière formelle de couvrir l'Ouest et de battre en retraite sur la Mayenne. Le 16e corps se retira par la route directe du Mans à Laval; le 17e par Evron et Sainte-Suzanne; le 21e passant la Sarthe à Neuville, la Guerche et Montbizot, arriva le 13 à Sillé-le-Guillaume où il rejoignit le général en chef.

XIV

L'armée s'était retirée lentement le 12 par des chemins et un temps affreux, peu vivement poursuivie par l'ennemi qui avait énormément souffert.

A midi, la plus grande partie de nos troupes se trouvait sur la rive droite de la Sarthe. Le général Le Bouëdec d'une part avec sa division, et de l'autre des gendarmes et des marins restèrent à Pontlieue pour couvrir la retraite. Au dernier moment, les gendarmes, avec une tenacité héroïque, se firent écharper pour défendre le pont de Pontlieue par lequel arrivaient les premières colonnes ennemies. Lorsque la résistance fut devenue impossible, la division Le Bouëdec et la poignée de braves qui l'accompagnait, après avoir fait sauter le pont effectuèrent leur retraite par la gare et le pont suspendu de la Sarthe qui fut ensuite coupé par eux. Il était deux heures et demie, l'ennemi s'avançait en colonne vers la ville. Une assez grande masse de soldats français, des mobiles, des marins, quelques voitures du 21e corps encombraient les rues et la place des Halles.

L'ennemi fit tirer sur la ville, quelques obus tombèrent notamment dans la rue du Quartier-de-Cavalerie et incendièrent des maisons. Les Prussiens entrèrent par plusieurs rues à la fois, surtout par la rue du Quartier-de-Cavalerie et des Minimes, poussant devant eux les derniers combattants de l'armée française. La lutte s'engagea dans la rue; quelques braves gardes nationaux du Mans s'y mêlèrent sur la place des Halles. Les Prussiens, après avoir débouché de la rue des Minimes, ouvrirent des feux de peloton, et sur les maisons, et sur la masse confuse des soldats qui cherchaient à passer le pont Napoléon. Nos hommes ripostèrent cachés derrière les voitures ou dans les maisons; ils continrent les bataillons allemands et purent en grande partie s'échapper par le pont Napoléon (1).

A Sillé-le-Guillaume, le général en chef, afin d'empêcher le désordre qui accompagne toujours une retraite dans laquelle se fondent inévitablement de jeunes troupes, donna l'ordre à toute l'armée de s'arrêter, de

(1) C'est à ce moment que, pour notre part, accompagné par plusieurs mobiles, nous entrâmes au Palais-de-Justice transformé en ambulance, et situé sur cette même place. Les Prussiens nous suivant de près tirèrent sur l'ambulance, en enfoncèrent les portes, prétendant que nous avions fait tirer les mobiles par les fenêtres de cette ambulance. Ils pénétrèrent en faisant feu jusque dans l'une des salles; une sœur reçut une balle dans sa coiffure. L'officier qui commandait ces Allemands nous cherchait pour nous faire passer de suite par les armes. Nous ne dûmes notre salut qu'à l'intervention, au sangfroid de la sœur Stéphanie du couvent de Versailles, de M. l'abbé Léger, aumônier de l'ambulance, et de son digne médecin le docteur Franco, qui parvinrent à nous cacher. Trois semaines après, quand nous fûmes en état de marcher, nous nous évadâmes du Mans avec M. Georges Chevalier, officier des mobiles nantais, pour rejoindre l'armée à Laval. Nous ne racontons cet incident personnel que pour rendre aux personnes auxquelles nous devons la vie un témoignage public de notre reconnaissance.

aire séjour et de livrer bataille à l'ennemi s'il se présentait. Le 21e corps résista victorieusement le 14 à Sillé-le-Guillaume, mais le 16e et le 17e furent obligés de se replier; et afin de ne pas être entamé sur sa droite, le général en chef fut obligé de continuer sa retraite. Il vint placer l'armée derrière la Mayenne, de Laval à Mayenne. Le 16e corps, poursuivi par l'ennemi, lui infligea des pertes sérieuses à Saint-Jean-sur-Erve. Toute l'armée s'installa derrière la Mayenne, sans avoir été autrement inquiétée, ayant ramené avec elle toute son artillerie, toutes ses munitions, et presque tous ses convois, malgré le temps affreux et le mauvais état des chemins. Quelques jours après, l'armistice venait clore cette série d'efforts héroïques et impuissants. Nous reparlerons des derniers événements dans notre conclusion.

NOTE SUR L'AFFAIRE DE LA TUILERIE

ET SUR LA RETRAITE VERS LAVAL.

Le général Le Bouëdec, dont nous avons eu l'honneur d'être l'aide-de-camp, fut chargé, ainsi que nous l'avons dit, de reprendre la Tuilerie dans la nuit du 11 au 12. En outre, pendant la retraite sur Laval, il dut couvrir le mouvement du 16e corps, avec sa division. Le général a bien voulu nous adresser lui-même le récit des opérations qu'il a dirigées depuis le 11 jusqu'à la fin des hostilités.

C'est un document des plus précieux puisqu'il raconte, avec les détails les plus précis, les causes qui nous obligèrent à évacuer le Mans, et la façon dont la retraite du 16e corps s'opéra. En voici le texte :

« Plounnévez, par Belle-Isle-en-Terre, 10 juillet 1871.

» Mon cher Mengin,

» Vous m'avez demandé des renseignements sur les opérations auxquelles ont pris part les troupes sous mes ordres, depuis le 9 janvier 1870 jusqu'au licenciement de l'armée de la Loire.

» Je me rends à votre désir. Seulement je vous prie de laisser ma personne dans l'ombre ; je réclame seulement la justice pour les officiers et les soldats que j'ai eu l'honneur de commander et qui, dans cette cruelle campagne d'hiver, ont fait preuve d'une énergie et d'une résistance que les généraux de l'empire, prisonniers de Metz ou de Sedan, ne veulent pas et ne voudront pas reconnaître.

» Je me contenterai de vous exposer les faits sans les apprécier, estimant que cette exposition suffira pour l'honneur de ces officiers et de ces soldats.

» ....

» Général Le Bouedec. »

» Le 10, j'étais à Chateau-du-Loir. Vers neuf heures, l'organisation de mes troupes étant terminée nous nous rendîmes, le général Desmaisons et moi chez l'amiral Jauréguiberry et nous reçûmes les ordres suivants :

16e CORPS. — ETAT-MAJOR GÉNÉRAL.

« Château-du-Loir, 10 janvier 1871.

INSTRUCTION.

« Les troupes réunies en ce moment à Château-du-Loir, partagées en deux colonnes, dont la composition a été donnée ce matin, et commandées chacune par les généraux Le Bouëdec et Desmaisons, se mettront en route aujourd'hui, à onze heures et demie, pour se diriger sur Ecommoy, par la grande route du Mans.

» Tous les convois ont été déjà expédiés par la route qui passe par Lavernat, Verneil-le-Chétif et Mayet; car il faut que la colonne ne soit gênée par aucun *impedimenta*, et soit toujours prête à combattre.

» La colonne du général Le Bouëdec aura la tête; celle du général Desmaisons suivra immédiatement. On marchera de manière à ce que les batteries soient intercalées entre les bataillons; ceux-ci devront marcher en colonne sur la route, de manière à pouvoir faire instantanément face à l'ennemi, par un simple à-droite ou à-gauche, ou un demi-tour, suivant la direction dans laquelle il se présentera.

» On laissera dans les intervalles des batteries et bataillons, surtout lorsqu'on traversera la forêt de Bersay, assez de place pour que les batteries puissent se mettre immédiatement en position.

» De fortes lignes de tirailleurs éclaireront ou couvriront la marche de la colonne en avant, en arrière et à droite. Ces lignes devront, en traversant la forêt, se tenir à mille mètres des corps d'armée.

» Une avant-garde de trois compagnies précèdera la colonne de deux kilomètres. Un détachement de cavalerie précèdera la colonne, en éclaireurs, à trois kilomètres. Le reste de la cavalerie suivra à la même distance en arrière, et aura soin de pousser en avant tous les traînards.

» Je recommande à MM. les généraux de faire exercer la plus grande vigilance autour d'eux, d'exiger que les troupes marchent en très-bon ordre, serrées, et sans perdre de temps, car il faut coucher ce soir à Ecommoy.

» *Le vice-amiral commandant le 16e corps,*

» Signé : JAURÉGUIBERRY. »

En exécution de cet ordre, je mis mes troupes en marche à onze heures et demie du matin. J'envoyai en même temps l'ordre aux grand'gardes de Felée et de Jupilles de me rejoindre sur la route d'Ecommoy directement, sans descendre à Château-du-Loir, de pousser, avant leur départ, quelques reconnaissances aussi loin que les circonstances le permettraient sur Chahaignes et dans la forêt de Bersay. Je fixai à une heure le départ de la grand'garde de Felée, à trois heures le départ de celle de Jupilles.

La marche était extrêmement difficile surtout pour les chevaux : l'artillerie n'avançait qu'avec des peines infinies; les chevaux tombaient à chaque pas, malgré toutes les précautions prises, les clous à glace.......

Mes grand'gardes me rejoignirent sur la route d'Ecommoy sans avoir été inquiétées par l'ennemi; je traversai la forêt de Bersay et je trouvai à Parigné un poste français qui n'avait pas eu connaissance de Prussiens.

Nous entendîmes longtemps le canon dans la direction de Grand-Lucé et Parigné-l'Evêque. Il devenait évident pour moi que l'armée prussienne, après avoir fait une pointe par sa gauche vers Château-du-Loir, remontait vers le nord par Grand-Lucé et Parigné. Dans ce cas, notre colonne pourrait être attaquée à Ecommoy et coupée à Mulsanne.

A six heures et demie du soir, j'atteignis Ecommoy. A huit heures, mes troupes se trouvaient à peu près cantonnées dans la ville et sur la route du Mans. A dix heures, je rentrai de visiter mes avant-postes. A onze heures, j'avais rendu compte de la journée et je rentrai à mon quartier-général.

A minuit, je recevais la note suivante :

« En présence des événements qui se passent et d'après les renseignements qui me parviennent, je vous prie de pousser des vedettes et des petits postes de cavalerie jusqu'à quatre kilomètres dans toutes les directions que vous êtes chargé de défendre.

» *Le vice-amiral commandant le 16e corps,*

» Signé : JAURÉGUIBERRY. »

La chose me paraissait assez grave pour partir moi-même en reconnaissance. Je fis une pointe jusqu'à Saint-Mars, sur la route de Parigné. La route était libre.

En rentrant à Ecommoy, à deux heures, je recevais l'ordre suivant :

16e CORPS. — ETAT-MAJOR GÉNÉRAL.

» Ecommoy, 11 janvier, 2 heures du matin.

» Toutes les troupes devront immédiatement prendre les armes et se former en colonnes, comme elles l'étaient hier, afin de se diriger le plus promptement possible sur le rond-point de Pontlieue, en avant du Mans.

» Elles suivront la grande route, passant par Mulsanne. Un peu avant d'arriver à Pontlieue, la brigade Bérard, toujours en colonne de marche, se placera sur la route de Parigné ; la brigade Jobey traversera le rond-point de Pontlieue et se placera sur la route d'Arnage, et les troupes aux ordres du général Desmaisons resteront sur la route de Mulsanne. Ces corps, destinés à former la réserve des lignes de défense du Mans, qui s'étendent d'Arnage à l'Huisne, près d'Yvré, se tiendront ainsi formés de manière à ce que leur tête soit à peu près à un kilomètre du rond-point de Pontlieue. Elles laisseront libre un côté de la route pour faciliter les mouvements de l'artillerie.

» Je recommande à MM. les généraux et chefs de

corps de ne souffrir qu'aucune voiture, aucun *impedimenta* gênent les mouvements de la colonne.

» Les voitures vont être immédiatement envoyées de l'autre côté du chemin de fer, où elles se réuniront au convoi général, commandé par le grand-prévôt.

» Ce dernier a l'ordre de suivre la route de Saint-Ouen, de prendre, au-delà de cette localité, la route qui conduit au Mans, par Arnage, de traverser la Sarthe et de s'établir à la Pierrerie.

» Il faut que sur la route, qui doit être parcourue avec rapidité, on se tienne toujours sur le qui-vive, prêt à combattre.

» La partie que nous allons passer aujourd'hui est sérieuse.

» Il s'agit de frapper un coup qui arrêtera l'ennemi et répondra aux victoires remportées par l'armée du Nord et celle du général Bourbaki.

» L'armée de la Loire, qui a déjà tellement combattu, ne voudra pas, je l'espère, rester en arrière des armées du Nord et de l'Est. Pas de désordre, pas de panique absurde, du sang-froid, de la lenteur dans le tir, de l'ardeur pour se précipiter en avant à la baïonnette, la volonté de chasser l'ennemi en dehors de la France, et, Dieu aidant, une nouvelle victoire viendra s'ajouter à celles de Coulmiers, de Villepeau, des 7, 8, 9, 10 et 15 décembre.

» *Le vice-amiral commandant en chef les lignes de défense du Mans et le 16e corps,*

» Signé : JAURÉGUIBERRY. »

Aussitôt la réception de cet ordre, je pris les mesures nécessaires pour réunir mes deux brigades dans le plus de silence possible.

A trois heures et demie du matin, je sortis d'Ecommoy après avoir rassemblé mes différents postes, par la route d'Ecommoy au Mans par Mulsanne.

Le temps était encore plus mauvais que la veille. Une véritable tourmente de neige rendait la marche extrêmement pénible.

A dix heures du matin, j'étais à Pontlieue. Mes brigades furent placées suivant l'instruction et je donnai l'ordre de faire le café.

A midi, mes troupes étaient sous les armes. A une heure, la brigade Bérard se portait en avant; à deux heures, elle était engagée dans les bois de Changé (carte A-B.).

La brigade Jobey vint immédiatement remplacer la brigade Bérard sur la route de Parigné (c. C-B.).

Le 41e de ligne, brigade Bérard, se jeta dans les bois avec un entrain remarquable et releva la division Roquebrune (17e corps), dont les munitions étaient épuisées. Non-seulement cette brigade maintînt les positions qu'elle était chargée de défendre, mais encore elle fit reculer, sur toute la ligne les tirailleurs ennemis.

A quatre heures, je fis avancer la brigade Jobey pour soutenir et renforcer la brigade Bérard, contre laquelle l'ennemi tentait un dernier effort.

La brigade Jobey, tout entière, fut lancée en avant. Dans ce mouvement, énergiquement exécuté, se passa un fait qui fait autant d'honneur aux officiers et soldats des 41e et 40e de marche qu'aux chefs de brigade, sous les ordres desquels marchaient ces deux régiments.

Une compagnie du 41e, commandée, je crois, par le capitaine Defrieu, dont les munitions étaient presque épuisées, battait lentement en retraite devant l'ennemi. Le capitaine Jacquet, du 40e, reçoit l'ordre de déployer en tirailleurs sa compagnie et de la porter sur le terrain que doit parcourir celle du 41e. Cet officier exécute ce mouvement avec rapidité, partage les munitions avec ses camarades du 41e, réunit les deux compagnies, se porte bravement en avant, fait plier l'ennemi et lui enlève trente prisonniers.

Ce fait se recommande de lui-même.

A cinq heures, je donnai l'ordre à mes brigades de s'arrêter sur le terrain qu'elles occupaient, de placer les grand'gardes et les postes de nuit, j'établis mes réserves en D (en exécution d'un ordre verbal de l'amiral).

On tirailla jusqu'à six heures, le calme se fit alors et je rentrai à Pontlieue à sept heures pour faire à l'amiral mon rapport et prendre ses ordres.

C'est entre cinq et sept heures qu'il faut placer le mouvement de panique qui fit abandonner aux mobilisés de Bretagne la position qu'ils occupaient.

Les Prussiens avaient essayé de traverser la route de Parigné vers le point F : nos tirailleurs et la batterie établie en D avaient arrêté ce mouvement, et à la nuit aucune colonne prussienne n'avait franchi la route de Pontliene à Parigné. Les Prussiens laissèrent un certain nombre de morts et de blessés sur cette route au point F.

Je puis affirmer que sur la droite de ma division, c'est-à-dire de D en O, il n'a pas été tiré un coup de canon, et probablement pas un coup de fusil. Je suppose donc que la colonne prussienne O, dite la Tuilerie, était une colonne dont la marche était parallèle à la marche que nous avions faite le matin, mais dans le triangle Parigné, Mulsanne, Pontlieue.

Je quittai l'amiral vers sept heures et je rejoignis mon état-major. Je n'avais rien pris depuis la veille à Ecommoy ; je tombai de fatigue. J'allais me mettre à table lorsque l'amiral me fit appeler.

Il venait d'apprendre que, à notre droite, les mobilisés du général Lalande s'étaient retirés, et que, à notre gauche, le général Jouffroy avait reculé ses positions vers Pontlieue. Il en résultait que les Prussiens pouvaient forcer le passage entre Yvré et le point A, position Roquebrune et Jouffroy (17e corps), ou bien tourner toute l'armée par la droite entre Arnage et le point O.

Le général Barry, du 16e corps, devait être à Arnage ainsi que les six bataillons de mobilisés de Saint-Georges-le-Plain, avec le lieutenant-colonel Le Brun.

Cette position de la Tuilerie était, sous tous les rapports, une position de premier ordre ; laissée aux Prussiens, notre retraite était inévitable, et surtout dangereuse, — toute batterie établie à la Tuilerie, enfilant la route et le pont de Pontlieue, notre seule ligne de retraite, pour l'artillerie, les bagages, les convois, la cavalerie !

La place de Pontlieue et les routes qui s'y joignent étaient encombrées par les mobilisés dans un désordre alarmant.

L'amiral avait son quartier-général sur la place même de Pontlieue. Il était huit heures du soir.

Il me donna l'ordre de tenter la reprise de la Tuilerie. Mes troupes étaient très-fatiguées par plusieurs jours de marche forcée dans la neige, par la bataille du 11 ; en outre, elles étaient encore sur le champ de bataille ; je considérais comme fort long et fort difficile de les relever. — Toute perte de temps entraînait une difficulté plus grande de réussir, l'ennemi pouvant se renforcer et exécuter des travaux de défense.

L'amiral, devant ces raisons, m'ordonna de réunir le 30e de marche, colonel Perera ; le 36e, colonel Marti, et un bataillon de mobiles de la Charente (8e régiment mobile). Ces troupes se trouvaient campées sur la route de Pontlieue à Ecommoy, entre Pontlieue et le point P.

En quittant l'amiral, je vis tranquillement dans une auberge, pleine de mobilisés, le général de Lalande. — Il vint me tendre la main, que je refusai de prendre; je lui annonçai que j'allais essayer de reprendre la position qu'il avait abandonnée. Il ne prononça pas une parole. Je ne l'ai pas revu depuis.

A neuf heures du soir, ces bataillons étaient en colonnes sur la route.

Je me portai de suite en avant avec le 2e bataillon du 39e de marche.

En arrivant au point O, je m'arrêtai et j'envoyai en reconnaissance, sur les deux côtés de la route, le capitaine Bocqué, de la 6e compagnie de ce bataillon. Cette reconnaissance revint bientôt, signalant l'ennemi à 300 mètres environ.

J'organisai immédiatement mes colonnes d'attaque. Je dois parler ici d'un incident assez digne d'être noté. Pendant que les colonels Perrera et Marti disposaient leurs bataillons, on m'amena une dizaine de mobilisés. J'étais, de ma personne, au point O. Ces braves gens étaient sans armes ; ils revenaient du Mans, portaient des vivres à leurs camarades. A mes demandes, ils répondirent : qu'à la nuit ils avaient eu la permission de quitter leurs bataillons à la Tuilerie, pour aller acheter du pain, etc., au Mans, parce qu'ils n'avaient pas mangé de la journée ; qu'ils n'avaient pas eu l'autorisation d'emporter leurs armes, et qu'ils retournaient rejoindre leurs camarades. J'eus l'idée d'en laisser quelques-uns poursuivre leur route : quelques instants après ils tombaient dans le poste prussien qui m'avait été signalé. J'entendis fort distinctement le werda de la sentinelle que j'aperçus très bien. Un feu de branchages était entretenu avec soin à quelque distance en avant de cette sentinelle.

Au même moment, je donnai le signal de marcher en avant.

Le capitaine Bocqué, en avant-garde sur la route, avec la 6e compagnie du 2e bataillon du 39e.

Le colonel Perrera avec les bataillons du 39e en colonne.

Le colonel Marti avec deux bataillons du 36e, sur la droite.

Le bataillon de mobiles, sur la gauche ; c'était l'attaque la moins importante.

Le capitaine Bocqué marcha bravement en avant et tomba au milieu du poste avancé prussien.

Le colonel Perrera, suivant de près son avant-garde, s'avança sur la route, mais ne put franchir les obstacles qui l'embarrassaient.

Le colonel Marti s'avança avec les plus grandes difficultés sur la droite. Il fut ramené.

La neige rendait la marche impossible.

La colonne de gauche continua à tirailler. Je la fis s'étendre un peu afin de détourner l'attention de l'ennemi.

Trois fois les colonnes se portèrent en avant, trois fois elles furent arrêtées par les mêmes obstacles et les mêmes difficultés.

Je fis placer mes bataillons à gauche et à droite de la route, pour éviter le feu que l'ennemi y dirigeait et je l'arrêtai en O, point qu'il ne put enlever malgré ses efforts.

Il était environ une heure du matin.

Mes troupes avaient éprouvé des pertes sérieuses. Avant de renouveler l'attaque j'envoyai mon aide-de-camp consulter l'amiral et demander du canon, bien qu'il me parût presqu'inutile d'essayer d'amener des pièces au point que j'occupai. Les hommes pouvaient à peine se tenir sur la route, et la campagne à droite et à gauche offrait de tels obstacles qu'il eut fallu de grands travaux et beaucoup de temps pour créer un passage à l'artillerie.

L'amiral me fit répondre de conserver mes positions jusqu'au jour, de cesser toute attaque.

Je souffrais cruellement de n'avoir pu réussir dans une entreprise dont je connaissais l'importance, et dont je regardais le succès comme le salut du 17e et du 16e corps.

Pendant toute cette nuit chacun put voir les signaux que les Prussiens firent constamment avec des disques lumineux, dans toute la partie du terrain en avant de nous.

Vers six heures, je rentrai à Pontlieue près de l'amiral. Dans quelques heures allait commencer la retraite.

Vous voyez, mon cher ami, que malgré l'insuccès de mon attaque sur la Tuilerie, j'avais du moins conservé nos positions entre Changé et Pontlieue. Si tout le monde eût fait son devoir, je crois que depuis Arnage jusqu'à Yvré, le combat pouvait recommencer le 12 avec chance de succès.

Dans mon commandement, j'ai signalé à M. l'amiral d'une manière particulière le colonel Bérard, officier de marine, d'une grande énergie et d'un rare sang-froid. Le 41e de ligne, qui était de sa brigade, est un de ces régiments que l'on est honoré de commander. Il a fait ses preuves à Paris depuis. La brigade Bérard passa le 12 au matin dans le 17e corps dont elle faisait partie.

J'ai signalé le colonel Jobey et le 40e de marche. Le capitaine Jacquet pour le fait que j'ai cité. Le commandant Mercier, du même régiment, qui se fera remarquer plus tard encore. Les pertes du 40e avaient été nombreuses.

Sa mission n'était pas terminée.

A huit heures du matin, je recevais chez l'amiral l'instruction suivante :

« L'amiral commandant les troupes de la rive gauche de la Sarthe est autorisé par le général en chef à faire replier l'armée sur le Mans pour y franchir la Sarthe et suivre la ligne de retraite qui va être indiquée.

» Comme nous sommes en présence de l'ennemi et qu'il faut effectuer ce mouvement dans le plus grand ordre et ne pas être entamé, MM. les commandants de division évacueront les positions qu'ils occupent en combattant et tenant les Prussiens aussi loin que possible. — La 1re division du 16e corps suivra la route de Ruaudin au Mans.

» La 1re division du 17e corps, général Roquebrune, s'engagera sur la route de Parigné au Mans, et enfin la 3e division du 17e corps suivra, si sa position par rapport à l'ennemi le lui permet, la route de Changé à Pontlieue (1).

» La 1re division qui se présentera au rond-point de Pontlieue continuera sa route pour traverser le Mans et se dirigera sur le pont aboutissant à la route qu'il

(1) La division Barry, du 16e corps, devait être vers Arnage ; la 3e, Curton, était vers La Flèche. Il y a eu là de grandes fautes commises par ces deux divisionnaires.

doit suivre. Ainsi, le 16e corps qui doit aller à Laval prendra le pont suspendu ; le 17e corps qui se dirige sur Sillé-le-Guillaume, passera par le vieux pont.

» Il ne faut pas qu'en arrivant au rond-point de Pontlieue les colonnes se coupent. D'après cela, quand la première arrivée aura franchi le rond-point, l'amiral dirigera celle qui doit la suivre.

» Je n'ai pas besoin de recommander à MM. les généraux commandant les divisions de marcher de manière à ce que leur artillerie soit suffisamment protégée ; elle doit par conséquent marcher en avant précédée au moins d'un bataillon de tirailleurs nombreux.

» Le passage du pont de Pontlieue sera couvert par le général Le Bouëdec qui ne franchira l'Huisne pour s'engager sur la route de Laval, que lorsque les dernières colonnes auront passé.

» Ne pas oublier que le général Barry arrive d'Arnage.

» Quand toutes les troupes auront franchi le pont de l'Huisne, ce pont sera rendu le plus impraticable que possible.

» *Le vice-amiral*, JAURÉGUIBERRY. »

A neuf heures du matin, la retraite commença.

Les tirailleurs de la 1re division du 17e corps étaient assez vivement engagés avec l'ennemi, la brigade Jobey tiraillait aussi à sa place de la veille, le 36e de marche, mis à ma disposition pour renforcer mes troupes, était lancé en avant par mon ordre sur la route d'Ecommoy. Là était le danger.

Pontlieue était encombré par les mobilisés. J'envoyai avant neuf heures l'ordre de débarrasser la place; et je fis retirer ces troupes par le pont du chemin de fer sur l'Huisne. Le général qui commandait ces mobilisés partit en tête, au lieu de veiller à la retraite de ses bataillons, de sorte que 4 bataillons furent oubliés sur la place de Pontlieue pendant près de deux heures et que je fus obligé de les faire partir moi-même. Ces bataillons me génèrent fort dans la soirée.

Pendant la retraite, je fis miner le pont de Pontlieue; cette opération présenta des difficultés insurmontables. La terre était tellement durcie par la gelée que les pics ne pouvaient y pénétrer. En même temps, je fis mettre deux mitrailleuses en batterie à l'entrée du pont, et faire des épaulements avec des sacs d'avoine pris sur les convois qui défilaient.

A dix heures et demie, les obus prussiens arrivèrent à hauteur du pont.

A onze heures, j'envoyai l'ordre au 40e et au 36e de battre lentement en retraite. Je regrette d'avoir oublié le nom d'un lieutenant d'état-major qui se mit à mes ordres pour aller prévenir le colonel Marti du 36e. Cet officier tomba dans un parti prussien et fut bien près d'être tué ou fait prisonnier. — Plusieurs balles avaient traversé sa capote. Je ne l'ai pas revu depuis.

Un peu avant midi, le défilé des diverses colonnes était achevé. La gendarmerie était placée pour défendre, après mon départ, l'entrée du Mans. Dès onze heures et demie, les obus éclataient fréquemment sur le pont et en avant du côté du Mans. J'en comptais 15 qui éclatèrent sur le pont même (où j'étais) entre onze heures et demie et midi. C'était mon banc de quart.

A midi, le 40e et le 36e se mirent en marche pour passer du côté du Mans.

A midi quinze minutes, je donnai au commandant du génie l'ordre de détruire le pont et je fis partir les deux mitrailleuses.

Le pont sauta très-imparfaitement. Un capitaine du génie continua les travaux sous la protection de la gendarmerie. Ce capitaine a été tué, je crois, peu après mon départ, par un éclat d'obus.

Les obus qui atteignirent le pont de Pontlieue à l'entrée du Mans (par ce pont) furent tous tirés par une batterie établie par les Prussiens sur la route de Parigné, au point même que j'occupais la veille, la nuit, et le matin même en avant du point D vers le Mans. Je me rappelle encore avoir vu distinctement, vers onze heures et demie, une longue perche qu'ils avaient plantée au milieu de la route, sans doute pour diriger le tir. Je fis tirer dans cette direction un certain nombre de coups par mes deux mitrailleuses établies à l'entrée du pont.

A midi trente minutes, je quittai définitivement la position avec mon dernier bataillon, pour venir me placer sur les promenades qui dominent la Sarthe et le pont suspendu. Le voisinage de la gare était encombré d'artillerie et de voitures des convois.

A trois heures, l'artillerie, les convois du 16e corps avaient traversé la Sarthe; mes deux mitrailleuses fermèrent la marche. Je passai ensuite et je donnai l'ordre de couper le pont suspendu.

Nous étions sur la rive droite de la Sarthe.

J'activai alors de toutes mes forces le départ de l'artillerie et des convois.

Je trouvai au passage à niveau du chemin de fer, sur la route de Laval, un obstacle sérieux. C'étaient les mobilisés qui, partis les premiers, étaient en retard et coupaient ma colonne. Cela me fit perdre une heure.

La route de Laval, en sortant du Mans, présente une longue côte que les voitures montèrent avec une grande difficulté. La neige et la gelée venaient ajouter de nouveaux obstacles à la célérité de la marche. Un grand nombre de voitures du 17ᵉ corps, du 21ᵉ corps, s'étaient engagées sur cette voie au lieu de suivre celle qui leur avait été indiquée.

Pourtant à la nuit j'étais, avec le bataillon d'arrière-garde (36ᵉ de marche), à environ quatre kilomètres du Mans. Je pus m'arrêter alors pour prendre quelques mesures de défense.

Je fis faire la soupe et donnai deux heures de repos pendant lesquelles quelques voitures rejoignirent.

A huit heures du soir, je fis couper les peupliers qui bordaient la route de manière à arrêter, pour quelques heures au moins, le passage de l'ennemi.

A dix heures du soir, j'établissais mon arrière-garde à Maisons-Rouges, embranchement du chemin de Conlie, puis je me rendais près de l'amiral à Chauffour.

Voilà, mon cher ami, les principaux incidents de cette triste journée. Si le brouillard ne nous avait favo risés nous eussions éprouvé de grandes pertes ; peut-être une panique. Pendant la demi-heure (de onze heures et demie à midi) où le ciel s'éclaircit un peu, les obus enfilèrent le pont de Pontlieue. Que serais-je devenu si le temps avait été serein ?

Dans la sortie du Mans, mon aide-de-camp fut forcé de brûler la cervelle à un convoyeur qui, malgré toutes ses observations, tourna bride à mi-côte et voulut redescendre au Mans. L'exemple servit pour toute la retraite.

La nuit du 12 au 13 fut calme. J'eus connaissance dans la nuit des faits qui s'étaient passés au Mans. A 5 heures du matin, j'envoyai un escadron de chasseurs en reconnaissance, avec ordre de s'avancer jusqu'aux abattis que j'avais faits la veille, à 3 kilomètres de la ville ; de m'envoyer dès leur arrivée un rapport, mais de rester sur place jusqu'au moment où une nouvelle reconnaissance viendrait la relever, à moins d'une attaque de l'ennemi. Dans ce cas, ordre était donné de rentrer au galop à Chauffour. Le temps était froid, mais plus découvert que la veille ; les chemins très-glissants par suite du piétinement continuel sur la neige.

A cinq heures et demie, je me rendis chez l'amiral dont le quartier-général était au presbytère. Après quelques minutes de conversation avec lui, voici l'ordre qui fut donné pour la journée du 13 janvier :

« 16e CORPS D'ARMÉE.

INSTRUCTION.

» Les troupes du 16e corps doivent quitter les positions qu'elles occupent pour se rendre à Laval. Avant d'indiquer la route que chacun doit prendre, il est nécessaire de renouveler les recommandations si souvent faites au sujet de l'ordre à garder dans les colonnes.

» En effet, la marche d'hier s'est faite dans le plus grand désordre ; la route ne présentait que des groupes isolés, marchant chacun pour leur compte. Les généraux commandant les divisions doivent agir avec la pensée qu'ils seront attaqués en route. Une avant-garde doit précéder la colonne, une ligne de tirailleurs, marchant sur le côté de la route où l'on suppose que l'ennemi peut venir, et prêts à s'élancer dans les champs, doit couvrir la colonne : chaque brigade doit avoir ses batteries intercalées entre les bataillons, et chaque batterie doit avoir sa garde particulière qui la suit partout.

» Les troupes doivent être disposées en colonnes par demi-sections toutes les fois que la largeur de la route le permet. Les officiers, au lieu de marcher comme ils font, doivent, sans s'occuper en aucune façon de ce qui se passe autour d'eux, tenir leurs hommes réunis, veiller à ce qu'ils marchent en ordre, à ce qu'ils ne s'écartent pas à chaque instant pour entrer dans les cabarets tenus sur la route, à ce qu'ils ne se mêlent pas aux autres troupes; et enfin qu'ils doivent toujours être prêts à faire face à l'ennemi.

» Si des charrettes, ou un obstacle, gênent un moment la marche, il faut les dépasser avec ordre. Quand la colonne arrive au lieu où elle doit s'arrêter, les officiers doivent s'occuper eux-mêmes du logement de leurs hommes, savoir où ils sont placés et leur indiquer des points de ralliement.

» Messieurs les généraux de division et de brigade, messieurs les chefs de corps voudront bien s'occuper aujourd'hui de réunir les corps et les troupes placés sous leur commandement respectif, et se rappeler qu'il ne suffit pas que les officiers marchent à la tête d'un régiment ou d'une compagnie, mais qu'il importe qu'ils dirigent et surveillent toute la longueur du détachement sous leurs ordres.

» Quant aux convois, le commandant du 16e corps a remarqué que les ordres donnés à leur égard ne sont pas exécutés, que les employés chargés de les conduire font très-mal leur service, et que tous les conducteurs et les escortes ne prennent pas soin de les faire avancer en ordre, en sûreté, et en ne gênant pas la marche. Il faut que toutes ces négligences aient un terme, et le commandant du 16e corps est prêt à signaler au général en chef tous ceux qui ne le seconderont pas.

» Il est encore recommandé aux chefs de corps de veiller à ce que les jours de marche les hommes mangent la soupe avant de partir, et qu'ils soient prêts à se mettre en route exactement aux heures indiquées.

Il faut par conséquent les réunir d'avance sur le terrain.

Ordre de marche.

» D'après les ordres reçus aujourd'hui à 7 heures, la direction de la retraite de l'armée est Laval. En conséquence, la 1re division se mettra en marche à 10 heures pour coucher ce soir à Joué-en-Charnie. La 2e division ne se mettra en route que lorsque la 1re l'aura dépassée de 1 kilomètre. La 2e division couchera à Chassillé. La fraction de la 3e division qui se trouve avec le corps d'armée constituera l'arrière-garde et suivra la 2e division aussi à 1 kilomètre. Outre ces troupes, la gendarmerie, un escadron de chasseurs, et toutes les troupes du génie du corps d'armée, marcheront sous les ordres du général Le Bouédec, qui prendra position à Lognes.

» Le convoi partira le plus tôt possible et s'arrêtera lorsque sa tête aura dépassé de 1 kilomètre Saint-Denis-d'Orques. On prendra des mesures afin que dorénavant toutes les distributions se fassent aussitôt après l'arrivée des troupes aux cantonnements. Messieurs les intendants devront donc disposer leurs convois de manière que les denrées délivrées soient à portée des corps. Par exception, et jusqu'à notre arrivée à Laval, on ne délivrera aux hommes que trois jours de vivres, plus les deux jours de réserve.

» Les munitions devront toujours être rigoureusement maintenues au grand complet ; le grand parc couchera ce soir à Vaiges, la réserve s'établira sur le côté gauche de la route au croisement des routes du Mans et de Brûlon à Sainte-Suzanne.

» Messieurs les officiers-généraux n'oublieront pas d'envoyer chaque soir au quartier-général du 16e corps, deux ordonnances à cheval, avec l'indication du lieu et de la maison où ils s'arrêtent. Le général commandant en chef la 2e armée recommande de ne pas adresser, au grand quartier-général, des demandes relatives aux besoins des divisions, des corps, et qui concernent les chefs de service de ces divisions, de ces corps.

» Le gros de la division de cavalerie doit précéder le corps d'armée d'une étape. Cependant les éclaireurs algériens, ou à leur défaut un escadron, marcheront à deux kilomètres en avant de la colonne, pour empêcher les hommes débandés de se précipiter en avant et de se réfugier dans les maisons disséminées le long de la route; ils les obligeront à s'arrêter sous la surveillance d'un brigadier, pour attendre le passage de la colonne, et si celle-ci est encore éloignée, ils les ramèneront, en employant la force s'il le faut, à leurs corps respectifs.

» *L'amiral commandant le 16e corps,*

» Signé : JAURÉGUIBERRY. »

Aussitôt l'ordre donné, je me rendis à Maisons-Rouges, embranchement de la route de Laval et de la route de Conlie.

Des mobilisés débandés continuaient à passer à

Maisons-Rouges, se dirigeant sur Coulie, dans un désordre déplorable. Un convoyeur du 21ᵉ corps avait abandonné, pendant la nuit, une charrette chargée de six fûts d'eau-de-vie. A mon arrivée, chacun y puisait, j'eus toutes les peines du monde à faire écarter les mobilisés, et je dus, pour l'exemple, faire sauter la cervelle à un gredin qui, malgré mes ordres et en ma présence, se refusait à quitter ce butin. Ne trouvant ni chevaux, ni attelages, je fis défoncer ces fûts d'eau-de-vie.

A midi, j'envoyai l'ordre à une reconnaissance sur Le Mans de rentrer. J'appris que les Prussiens occupaient la rive droite de la Sarthe, mais en petit nombre; ils étaient occupés à réparer les voies de communication; je fus convaincu, dès-lors, que la poursuite de l'ennemi ne commencerait que dans la soirée, assez tard, ou dans la matinée du 14. Vers midi, j'entendis quelques coups de canon dans la direction du Nord-Est.

A une heure, j'avais fait filer tout ce qui n'appartenait pas à l'arrière-garde.

A une heure trente minutes, je me mettais en marche.

J'eus encore à sévir lors de l'évacuation du village de Chauffour; je dus faire un exemple et brûler la cervelle à un des mutins qui ne voulaient pas marcher. Ce fut le dernier symptôme de mutinerie.

J'arrivai à Longnes à quatre heures trente minutes, après avoir fait évacuer par les traînards les villages de Coulans et de Brains. Il ne resta derrière moi, ni convoyeurs, ni traînards. J'étais débarrassé des mobilisés débandés qui, tous sans exception, avaient été forcés de suivre la route de Conlie.

En arrivant à Longnes, j'y trouvai l'ordre suivant :

« Mon cher général,

» Le général Barry, qui est auprès de vous à Chassillé, reçoit ordre de vous envoyer immédiatement deux mitrailleuses.

» J'ai rencontré sur ma route deux détachements de gendarmerie réunissant environ quatre-vingts hommes; je leur ai prescrit d'aller se mettre à votre disposition.

» Vous avez dû trouver le 40e de marche à Longnes; s'il ne vous suffit pas, gardez aussi le bataillon du 31e de ligne (1).

» *Le vice-amiral commandant le 16e corps*,

» Par ordre : *Le colonel chef d'état-major*,

« Signé : BÉRAUD. »

» M. le général Le Bouëdec. »

Le 40e de marche, lieutenant-colonel Jobey, comptait à peine six cents hommes en état de combattre. Il avait perdu environ mille hommes depuis notre départ de Château-du-Loir.

Je gardais donc près de moi le bataillon du 36e de ligne, qui comptait environ six cents hommes.

J'avais demandé deux mitrailleuses, préférant ces

(1) Le chef d'état-major du 16e corps commet ici une erreur. C'est un bataillon du 36e de ligne. J'ai conservé le no 31, mais je répète qu'il y a erreur.

deux pièces à ma batterie de 4 que j'envoyai au-delà de Chassillé. Ces deux mitrailleuses arrivèrent à Longne à cinq heures du soir.

Avant de prendre mes dispositions, je fis fouiller toutes les maisons de Longne et des environs, afin de renvoyer tout ce qui n'était pas directement sous mes ordres. La gendarmerie exécuta rapidement cette mission, de sorte que, à cinq heures, mes bataillons étaient cantonnés dans l'ordre suivant :

Sur ma droite, le bataillon du 36e, au village de Lavers-sous-Montfaucon, avec grand'garde et postes avancés se reliant sur la route de Laval.

Sur ma gauche, un bataillon du 40e, au hameau de La Gabelle, avec grand'garde et postes vers Amné, se reliant aussi avec la route de Laval.

Au centre, 2e bataillon du 40e, à Longne, fournissant un poste de cent hommes à mille sept cents mètres en avant sur la route du Mans à Laval, à l'embranchement du chemin d'Amné; un autre poste de cent hommes dans une ferme, à un kilomètre entre Longne et cet embranchement, avec quinze cavaliers.

Au village d'Amné, un poste avancé de cavalerie, quinze cavaliers.

Le génie, cantonné dans Longne avec ses prolonges sur la route, vers Chassillé. — La gendarmerie fut aussi cantonnée dans Longnes.

Les deux mitrailleuses, en batterie sur la route, à l'entrée du village de Longne.

Les troupes du génie s'occupèrent immédiatement à faire des abattis pour protéger les différents postes.

Il était impossible de faire d'autres travaux, l'état du terrain ne le permettait pas.

Le chef du génie du 16e corps vint me voir à la nuit. Nous convînmes de quelques dispositions à prendre sur mes derrières.

Vers neuf heures, toutes mes dispositions étant prises, je rentrai à Longne. Le brouillard était très-épais, et j'avais recommandé partout la plus grande prudence et la plus active surveillance.

Aussitôt j'envoyai l'ordre écrit à toutes les troupes d'être sous les armes à sept heures du matin pour être prêtes à se mettre en route, si le départ était ordonné. Un officier de chasseurs d'Afrique fut commandé pour partir, à cinq heures du matin, avec quinze chasseurs, pousser jusqu'à Neuvy-en-Champagne, et prendre des nouvelles de Conlie. Cet officier avait ordre de rentrer par Chassillé, en suivant la route de Neuvy à Bernay et à Chassillé.

Je reçus dans la nuit ce billet du chef du génie :

« L'amiral ne veut pas (je viens d'en être informé à minuit alors que le travail était en train) qu'on coupe les ponts. Il ordonne des abattis, que malheureusement je ne puis commencer en pleine nuit, n'ayant ni scies, ni cognées. Demain matin, vers six heures, je commencerai. »

Comme ces travaux concernaient Chassillé, je ne m'en préoccupai pas.

C'était notre premier mouvement de repos depuis le 9 janvier.

La nuit de 13 au 14 fut calme. A sept heures du matin, toutes mes troupes étaient sous les armes.

J'envoyai une petite reconnaissance d'infanterie à Brains, avec ordre de rejoindre immédiatement si l'ennemi était signalé dans ce village. Cette reconnaissance revint vers huit heures et demie et m'annonça que quelques hulans arrivaient à Brains.

J'étais sans ordre de route. Je fis donc prévenir l'amiral que j'étais prêt à partir. L'officier d'ordonnance que j'envoyais à l'amiral se croisa avec les cavaliers qui me portaient les ordres que j'attendais.

Voici ces ordres :

« Joué-en-Charnie, le 14 janvier.

» Mon cher général,

» On ne part pas aujourd'hui : gardez vos positions ; étudiez-les et gardez-vous militairement.

» Vous restez sur vos positions jusqu'à nouvel ordre.

» *Le vice-amiral commandant le 16e corps.*

» Par ordre : *Le colonel, chef d'état-major*,

» Signé : BÉRAUD. »

Ci-joint l'instruction générale qui me fut envoyée en double. Par suite d'une erreur d'un cavalier, je ne reçus l'une d'elles que fort tard, alors que j'étais en retraite.

Je n'avais rien à changer à mes dispositions.

Du reste, j'étais certain que j'allais être attaqué. L'arrivée des hulans à Brains au point du jour, arrivée dont j'étais prévenu par mes reconnaissances, me donnait cette certitude. Aussi, tout le monde se tint sur ses gardes et je fis prévenir le général Barry, à Chassillé, que je m'attendais à une attaque.

La seule précaution nouvelle que je pris fut de faire partir les prolonges du génie, avec ordre de monter la côte qui domine Longne à l'Ouest. En sortant de ce village, la route de Laval présente une montée assez rapide : l'ancienne route attaque le côteau en droite ligne, la nouvelle le contourne et rejoint l'ancienne route à quelques centaines de mètres au-delà du sommet du côteau. Les prolonges devaient s'y arrêter sans dételer. De cette façon, j'avais la route libre. Le brouillard était tellement épais que l'on ne voyait certes pas à une centaine de pas devant soi. Cette circonstance m'inquiétait beaucoup.

En somme, je n'avais pour défendre ma position que onze cents hommes d'infanterie, un escadron de cavalerie, deux mitrailleuses, deux compagnies du génie. Je venais de prévenir la gendarmerie de se porter en arrière sur Chassillé dès que l'attaque commencerait. Il était inutile d'exposer ces braves gens sans nécessité absolue.

A neuf heures du matin, mon aide-de-camp Entz m'appelait pour manger la soupe, lorsque la fusillade commença sur la route du Mans. (Je cite cette circonstance, parce que je devais laisser ce matin mon déjeuner aux Prussiens, à Longne ; mon souper, à Chassillé, et le lendemain, 15, mon souper à Saint-Jean.)

Je fis monter tout mon monde à cheval, et je donnai l'ordre de renforcer les postes sur la route du Mans, et de tenir ferme.

C'étaient les cavaliers prussiens qui arrivaient devant les obstacles qui barraient la route. Ces cavaliers vinrent à plusieurs reprises jusqu'aux abattis ; mais ils se retirèrent laissant une quinzaine de morts. Bientôt devait venir le tour de l'infanterie.

En effet, à neuf heures trente minutes, mes postes étaient attaqués à la même minute sur la route du Mans, à La Gabelle et à Lavers-sous-Montfaucon. Pendant une heure, c'est-à-dire jusqu'à dix heures trente minutes, tous les postes furent conservés. Mais alors l'ennemi, dont il était impossible de juger le nombre à cause du brouillard, força la ligne des tirailleurs sur les deux côtés de la route du Mans, enleva deux compagnies entières du 40e qui défendaient les abattis, et s'avança vers Longne.

En même temps, les postes de La Gabelle et de Lavers étaient débordés par la droite et la gauche.

Je leur envoyai rapidement l'ordre de se déployer en tirailleurs et de se porter à travers champs sur le côteau qui domine Longne, mais d'éviter de se rapprocher du village.

Je fis rallier les hommes du 40e qui battaient en retraite par la route du Mans, partir mes mitrailleuses pour les placer en haut du côteau, et je portai le plus rapidement possible les débris du 40e au même point. Je fis l'arrière-garde avec quatre compagnies du

36e bataillon, battant lentement en retraite, et laissant à l'entrée de Longne quinze morts et quatre-vingt-dix-sept blessés que j'étais obligé d'abandonner, n'ayant aucun moyen de transport, aucun matériel d'ambulance.

Après avoir atteint le plateau qui va de Longne jusqu'à la maison du poste qui est à l'embranchement de la route du Mans et de celle de Neuvy et Conlie à Loué et Brûlon, je plaçais mes mitrailleuses à environ deux cents mètres l'une de l'autre sur la route, un bataillon en réserve sur la route, et toutes mes autres troupes en deux lignes de tirailleurs sur chaque côté, avec un intervalle de deux cents mètres entre elles. Puis je me dirigeai en tiraillant vers Chassillé, chaque ligne se relevant. Retraite en échiquier.

J'avais perdu à Longne quinze morts et quatre-vingt-dix-sept blessés, plus une centaine de prisonniers : c'était le cinquième de mes troupes. Ces pertes sont celles du 40e. Le bataillon du 36e, provisoirement sous mes ordres, et ce jour-là seulement, ne m'a pas remis l'état de ses pertes.

J'avais fait prévenir le général Barry des différents épisodes du combat ; je l'avais prévenu que les forces prussiennes étaient bien plus nombreuses que je ne l'avais d'abord pensé, que j'avais affaire à trois colonnes, par suite fort probablement à un corps d'environ ou d'au moins 15,000 hommes, mais que je me retirerais lentement et que je lui donnerais le temps de prendre ses mesures de défense.

A deux heures, j'arrivai dans cet ordre en vue de

Chassillé, à l'embranchement où se trouve la maison de poste. J'avais mis trois heures et demie pour faire environ 4 kilomètres.

Je continuai ensuite ma route pour traverser Chassillé et me diriger sur Epineu-le-Chevreuil. Je pensais devoir me conformer à l'instruction générale.

Du point des quatre routes, maison de poste, on descend au ruisseau de Chassillé qu'on traverse ; aussitôt la route monte rapidement et traverse Chassillé en obliquant un peu à droite.

Aucune mesure de défense n'était prise dans le village.

Je trouvai le général Barry hors du village, sur la route, et s'avançant vers Joué-en-Charnie.

J'avais pris la tête de mes troupes depuis les quatre routes.

Le général Barry me donna immédiatement l'ordre de faire demi-tour et de me reporter aux quatre routes, sans vouloir écouter aucune de mes explications ou observations. Je n'avais pas d'ordres à recevoir de lui : mais il était mon supérieur. J'obéis. Je traversai donc de nouveau Chassillé, je dirigeai mes troupes, déjà bien affaiblies, aux quatre routes, et je me mis de ma personne sur le four à chaux qui se trouve à mi-côte sur la droite de la route en allant de Chassillé vers Longne. Dès que le 40e et le bataillon du 36e furent en position, mais autrement placés que les bataillons du général Barry, j'envoyai mon aide-de-camp à M. l'amiral commandant le 16e corps, à Joué-en-Charnie, pour lui rendre compte de ce qui se passait.

Vers trois heures, telle était donc ma position.

Le 40e et le bataillon du 36e aux quatre routes, les troupes du génie, mon artillerie et mes cavaliers en retraite sur Joué, sauf mon escorte. C'est à peu près vers ce moment que l'artillerie prussienne commença à lancer des obus sur le village de Chassillé. Le premier obus tomba sur la route un peu au-dessus de la place de l'église et tua un cheval.

Vers quatre heures, mon aide-de-camp revint me porter l'ordre de l'amiral. Les obus pleuvaient littéralement dans le vallon de Chassillé : tous passaient au-dessus de nos têtes. L'ordre de l'amiral était de laisser le 36e aux ordres du général Barry et de me porter rapidement sur Epineu-le-Chevreuil. Mon aide-de-camp communiqua immédiatement cet ordre au 40e et au 36e. Sur mon ordre, le 40e, qui ne comptait guère plus de cinq cents hommes, descendit déployé en tirailleurs la côte des quatre routes à droite et à gauche de la route, et vint se reformer de l'autre côté de Chassillé. Cette manœuvre était nécessaire ; je ne pouvais suivre en colonne une route labourée par les obus. Dès que le 40e eut traversé le ruisseau, je partis moi-même avec mon escorte ; je traversai Chassillé complètement abandonné, je reformai le 40e, et je m'avançai sur la route vers Joué ; je rencontrai le général Barry à environ cinq cents mètres en arrière de Chassillé et lui communiquai l'ordre de l'amiral.

Je me jetai immédiatement sur ma droite vers Epineu-le-Chevreuil, mais l'ordre que m'avait donné le général Barry, mon retour aux quatre routes, m'avait fait perdre beaucoup de temps. Mon avant-garde rencontra l'ennemi en force à moitié route de Chassillé à Epineu. Je me rejetai à travers champs, sur le chemin qui joint Epineu à la grande route, à mi-chemin entre Chassillé et Joué-en-Charnie. Je voulais occuper le bois que ce chemin traverse à environ 1 kilomètre de la route de Laval, car je craignais de voir la retraite coupée aux troupes du général Barry. Le colonel Jobey tirailla quelque temps dans ce bois avec les éclaireurs prussiens, qui heureusement se présentèrent en petit nombre. Je fis immédiatement obstruer le chemin d'Epineu par quelques abattis et je plaçai mes réserves entre le bois et la grande route, à environ quatre ou cinq cents mètres de l'un et de l'autre.

Je rencontrai alors sur la grande route un bataillon de mobilisés, commandant Penhoat, que je dirigeai de suite sur Joué. Ce bataillon n'avait pas de munitions et était armé de carabines spencer.

Je reçus alors avis du général Barry (cinq heures) qu'il se mettait en retraite. Je fis immédiatement rallier tout le 40e, et je pris la direction de Joué, où j'arrivai à six heures du soir.

Je me rendis immédiatement chez l'amiral.

La situation se compliquait.

Je venais prévenir l'amiral que l'ennemi occupait Epineu-le-Chevreuil; le chef d'escadron de chasseurs d'Afrique, commandant l'escorte de l'amiral, arrivait de Loué, où il avait été accueilli par des Prussiens embusqués dans le village et dans le cimetière; on annonçait à l'amiral que le général de Planque, ou son bri-

4.

gadier Isnard-de-Sainte-Lorette, avait abandonné, sans ordres, Montreuil-en-Champagne, et s'était retiré au-delà de Joué, sans même prévenir l'état-major de son mouvement de retraite; lorsque, à six heures et demie, se présenta le général Barry . . . .

. . . .

L'amiral me demanda mon avis sur la décision à prendre, je le donnai sans hésiter. C'était de se mettre en retraite sur-le-champ.

La retraite fut résolue. Il fallait gagner du terrain, et gagner dans la nuit une position où l'on pourrait se défendre le lendemain. L'ordre fut donné immédiatement; je devais accompagner le parc de réserve, qui était un peu en avant de Joué.

Je trouvais là, chez l'amiral, le colonel Le Brun, des mobilisés; je lui fis donner l'ordre par l'amiral de se rendre directement à Laval, avec tous les mobilisés qu'il avait avec lui. De ce nombre était le bataillon que j'avais renvoyé à Joué dans la journée, commandant Penhoat.

J'envoyai le 40e pour servir d'escorte au parc, et je restai à Joué avec mon état-major et mon escorte. Je n'avais rien pris de la journée, j'entrai chez un menuisier, pour faire cuire deux poulets emportés de Longne. Il était environ huit heures; nous allions nous mettre à table, lorsque le colonel Béraud, chef d'état-major du 16e corps, vint lui-même me prévenir que le village était évacué, qu'il fallait partir, l'ennemi se présentant aux abattis qui se trouvaient entre le ruisseau de Joué et le village.

Nos chevaux furent lestement bridés; nous partîmes abandonnant notre souper. Mais une section qui ne me quittait pas depuis Le Mans (vingt chasseurs) fut enlevée; dans l'obscurité elle se trompa de route, et fut prise dans le village même. Quelques-uns des chasseurs s'échappèrent dans la nuit, et me rejoignirent le lendemain matin à Saint-Jean-sur-Erve.

Il était neuf heures lorsque je sortis du village de Joué-en-Charnie. Je parvins donc la nuit à rejoindre le 40e et le parc d'artillerie. Je dirigeai leur marche sur Saint-Jean, où mon détachement arriva vers deux heures et demie du matin. Je traversai Saint-Jean et j'arrêtai ma tête de colonne à un kilomètre cinq cents mètres au-delà de Saint-Jean, comme l'ordre m'en avait été donné. Je plaçai mon quartier-général dans une petite ferme, à cinq cents mètres en arrière de Saint-Jean, vers Laval, et j'y attendis le jour.

A la pointe du jour, je me rendis près de l'amiral; il avait pris la résolution d'attendre l'ennemi à Saint-Jean. On se prépare donc, et l'amiral nous donna l'ordre de reconnaître le terrain. La division De Planque était à Saint-Jean même.

Je réunis ensuite les débris qui me restaient du 40e de marche. Il restait de ce régiment 291 hommes; j'écrivis alors à l'amiral cette lettre :

« Saint-Jean, 15 janvier.

» Monsieur l'amiral,

» J'ai l'honneur de vous rendre compte que j'ai profité du repos de la matinée pour réorganiser les trois bataillons du 40e de ligne en un seul bataillon, sous le commandement de M. le chef de bataillon Mercier.

» Chaque demi-bataillon a formé une compagnie, et chaque compagnie a fourni un officier pour les cadres de ce nouveau bataillon, dont l'effectif, officiers compris, est de trois cents hommes.

» J'espère, Monsieur l'amiral, que vous voudrez bien approuver cette organisation provisoire, rendue nécessaire par les circonstances.

» J'ai l'honneur d'être avec respect,

» Monsieur l'amiral,

» Votre dévoué serviteur,

» Général : B. LE BOUEDEC. »

» Approuvé :

» *Le vice-amiral,*

» Signé : JAURÉGUIBERRY. »

Pendant ce temps, l'amiral faisait mettre neuf mitrailleuses en batterie dans le chemin qui part de la route de Laval à l'entrée de Saint-Jean, monte sur le plateau qui domine le village, et fait face à la plaine que traverse la grande route vers Le Mans. A la droite de ces mitrailleuses furent placées deux batteries de pièces de quatre.

A onze heures et demie, je venais de parcourir le terrain, et je descendis chez l'amiral, dont le quartier-général était au presbytère, je crois, charmante maison qui domine l'église et le village de Saint-Jean.

Je causais avec l'amiral, et nous sortions pour aller visiter les batteries, lorsqu'une vive fusillade éclata sur la route du Mans. L'amiral me donna l'ordre de porter de suite le bataillon du 40e à la gauche de Saint-Jean, au point où la route fait un coude pour entrer dans le village, de m'y établir et d'être prêt à défendre les mitrailleuses placées au-dessus de moi.

Quelques moments après, je fus renforcé par un bataillon du 39e de ligne et un bataillon du 22e de mobiles.

Je fis avancer quelques compagnies sur ma gauche, pour surveiller le cours du ruisseau l'Erve; j'envoyai constamment des cavaliers en reconnaissance vers Chamme; mais de ce côté l'ennemi ne parut pas. Son attaque principale était sur notre droite.

Depuis midi jusqu'à six heures, nos batteries firent un vrai feu roulant sur l'artillerie ennemie placée en position sur la route de Sainte-Suzanne à Sablé, qui coupe à angle droit la route du Mans à environ deux kilomètres de Saint-Jean-sur-Erve.

Vers quatre heures, notre droite avait faibli; une portion du village était occupée par les Prussiens; notre chef d'état-major, le colonel Béraud, était tué; l'amiral avait eu son cheval traversé par un obus. L'amiral me fit appeler à la batterie des mitrailleuses et me donna l'ordre d'occuper le pont de Saint-Jean et de pousser en avant jusqu'à une barricade que le génie avait commencée sur la route du Mans, à environ deux cents mètres en avant du pont, et de chasser l'ennemi des abords de Saint-Jean qu'il commençait à occuper.

Je vins immédiatement prendre le bataillon du 40e. Il s'agissait pour moi de rejeter l'ennemi au-delà du village, de l'empêcher d'y pénétrer avant la retraite de l'artillerie. Il fallait un mouvement énergiquement exécuté. Je comptais sur la bravoure du 40e et de son chef le commandant Mercier.

A cinq heures, mes dispositions étant prises, je lançai en avant le bataillon du 40e. Le commandant Mercier, en tête de son bataillon, traversa le pont de Saint-Jean, et s'avança sur la route du Mans.

Dans ce mouvement l'avant-garde s'avança trop loin et eut à souffrir du tir des mitrailleuses et des tirailleurs français. Il commençait à faire sombre et l'obscurité empêchait de bien distinguer nos troupes. Je fis rappeler cette avant-garde. Le commandant Mercier fit partout reculer les tirailleurs prussiens, s'établit fortement à l'entrée du village, et repoussa deux attaques successives de l'ennemi. Dans l'une de ces attaques, le sergent Brunet, du 40e, fit prisonnier un capitaine prussien. La conduite du commandant Mercier fut au-dessus de tout éloge. L'affaire de Saint-Jean coûtait encore au 40e, 12 hommes tués et 57 blessés. C'était plus du cinquième de son effectif. En ce moment il ne se trouvait plus dans Saint-Jean qu'une compagnie du génie et le 40e.

Je réussis donc, à 6 heures du soir, à réoccuper tout le village de Saint-Jean. Je fis avancer le bataillon du 39e, mis à ma disposition, pour renforcer le 40e et le soutenir au besoin. Je laissai sur la route de Laval le 22e de mobiles.

Dès-lors, l'ennemi étant tenu en respect par le mouvement en avant que je venais de faire exécuter, la retraite de notre artillerie pouvait se faire sans danger.

L'amiral, pendant ce temps, ordonnait la retraite qui commença vers huit heures.

A neuf heures, lorsque je pensais passer la nuit à Saint-Jean, je reçus l'ordre d'évacuer le village. Nous venions de mettre une volaille à la broche, il fallut la retirer, la mettre dans une fonte ; nous la mangeâmes à Soulgé, à neuf heures du matin.

Je mis mes troupes en marche dans l'ordre suivant : 22e mobiles, 39e, 40e. J'arrivai à Soulgé à deux heures et demie du matin.

Je crois que la retraite de Saint-Jean fut décidée par l'amiral, vers cinq heures, lorsqu'il apprit que les troupes du général Deplanque et du général Isnard avaient abandonné nos positions de droite, sans être attaquées par les Prussiens. Ce fait s'est malheureusement présenté trop souvent, au Mans, à Chassillé, à Montreuil, la veille.

Ce même jour, le général de Curten devait et pouvait nous rejoindre à Saint-Jean. Le général Barry, au lieu de s'arrêter à Saint-Jean, s'était porté sur Vaiges pendant la nuit.

J'ai lu, chaque jour, les hauts faits d'armes des régiments de l'armée de Paris, les éloges exagérés dont on les couvre. Voyez leurs pertes : le 51e, qui a fait tout le siége, qui a enlevé Montmartre (la butte), a perdu environ trente-cinq à quarante hommes tués ou blessés. Il est vrai qu'au 15 janvier nous ne sauvions pas l'ordre et la société, mais nous voulions sauver la patrie. Je cite le 51e, parce que le lieutenant-colonel Jobey, du 40e, était passé au 51e, comme lieutenant-colonel. Je pourrais en dire autant du 41e, qui était sous mes ordres au Mans.

Le 40e seul avait perdu à Longne deux cents hommes, à Saint-Jean soixante-neuf hommes, et son effectif était à Longne de six cents hommes, à Saint-Jean de trois cent dix hommes.

Le dégel commença dans la matinée du 16 janvier. Les fatigues éprouvées depuis dix jours, l'état de désorganisation des différents corps, la rigueur du temps, décidèrent l'amiral, après bien des hésitations, à se retirer immédiatement sur Laval. J'avais proposé de défendre la position de La Corbinière, à mi-route, entre Soulgé et Laval. Mais je fus seul de mon avis, et l'amiral céda devant les appréciations des autres généraux.

Je partis à huit heures de Soulgé, et j'arrivai vers dix heures et demie à Laval. La route était affreuse. Je dus en faire une bonne partie à pied. Avec le dégel nous eûmes une pluie battante.

L'amiral arriva vers midi ; il était blessé. Son cheval s'était abattu dans la route, et une roue de pièce d'artillerie avait manqué lui écraser la main

Tels sont, mon cher Mengin, les faits accomplis dans ma division, depuis le jour où les événements nous séparèrent du Mans !.....

Votre bien dévoué, etc., Général Le Bouédec.

NOTE SUR LA DIVISION DE BRETAGNE.

Voici d'autre part le récit qu'a bien voulu nous adresser notre ancien collègue et notre ami M. Jehenne, qui a remplacé M. Bel dans le commandement de la 1re brigade de la division Gougeard. Le récit de M. Jehenne commence aux premiers jours de janvier. A cette date, il se trouvait à Saint-Malo avec les mobilisés de la Loire-Inférieure. Il fut appelé le 6 pour prendre part à la défense du Mans et du camp de Conlie.

La Corbinais, près Paimbœuf, 24 avril 1871.

Mon cher colonel Mengin,

. . . .

Les fusils furent distribués les 1er, 2 et 3 janvier, et on multiplia les exercices; mais le temps ne nous avait pas permis de compléter l'instruction, et, lorsque l'ordre de départ nous arriva, beaucoup d'hommes ne savaient pas charger leurs armes.

Le 6, je recevais du général Marivault la dépêche suivante :

« Complétez armement et distribution à soixante-
» dix cartouches par homme, et partez par chemin de
» fer pour Conlie. Le mouvement est concerté avec
» général Chanzy. Télégraphiez-moi avant de partir. »

Je fis aussitôt connaître par le télégraphe, au général, l'état dans lequel se trouvaient nos hommes. Un bataillon n'avait pas de sacs. Il n'y avait pas de cartouches de springfield à Saint-Malo.

Par une nouvelle dépêche, je devais prendre à la gare de Rennes un wagon chargé de sacs et de quelques effets, et les cartouches à Conlie. J'envoyai aussitôt à Rennes un officier pour tout préparer.

Le 9 janvier, à onze heures du soir, je quittais Saint-Malo avec deux trains. A Rennes, dans la nuit, je trouvais le wagon qui m'était destiné; j'y laissais les malades qui n'avaient pas pu trouver place dans les hôpitaux, et que je faisais diriger sur Nantes, et, continuant notre route, nous arrivions à Conlie le matin. On nous y fit camper au-dessous du quartier-général, et les cartouches nous y furent distribuées.

Le 11, la neige, qui tombait avec violence, nous empêcha de nous rendre au Mans. J'employais cette journée à faire faire un tir à la cible. Trois cartouches par homme.

Le 12, le camp fut levé et le premier bataillon se forma en colonnes de marche sur la route du Mans. Dans ce moment arriva un contre-ordre. La fortune des armes nous avait été contraire et les Prussiens allaient entrer au Mans. Le général Morin, arrivé le 11 à Conlie, nous envoya camper dans la redoute de Téni. Pendant toute la nuit et la matinée du 13 les colonnes, battant en retraite, passèrent à nos pieds, spectacle lamentable, et dont on ne peut se faire une idée, quand on n'y a pas assisté. Le général Morin, qui était allé voir, dès le matin, le général Chanzy à son quartier-général de Domfront, m'envoya vers 9 heures l'ordre de faire lever le camp et de prendre les dispositions de départ. Nous restâmes encore dans la redoute une partie de la journée pour aider à transporter les munitions qui s'y trouvaient. A 2 heures, je recevais l'ordre de me mettre en marche sur Sillé-le-Guillaume, où nous arrivâmes à la tombée de la nuit. Cette ville, étant pleine de troupes, il nous était impossible d'y cantonner, nous fûmes alors dirigés sur Rouessé-Vassé, déjà encombré, où les hommes eurent grand'peine à se caser dans l'église.

Le 14, la 2e légion continuait son mouvement sur Assé-le-Béranger. Je venais à peine de la répartir dans les fermes environnantes et de faire des réquisitions de viande, car il était impossible de se procurer du pain, qu'un aide-de-camp me communiquait un ordre du général Gougeard d'aller occuper Montreuil-le-Chétif et le pont de Fresnay, afin de le faire sauter au besoin. Il devait y être de sa personne le lendemain matin. Dans la situation où nous nous trouvions, cet ordre était difficile à exécuter. Il était près de 4 heures, il fallait réunir les hommes exténués par leur marche dans la neige et par le manque de vivres. Je fis cependant rallier tous les hommes que j'avais sous la main et les dirigeai sur-le-champ sur la route de Sillé, les autres compagnies devaient suivre aussitôt rassemblées. Je pris une voiture, afin d'aller exposer la situation au général Gougeard. Quand j'arrivai à son quartier-général, je sus que la détermination, prise d'abord de tenir en avant de Sillé, avait été abandonnée et que l'armée allait se reformer dans les lignes de la Mayenne. Nous fûmes ensemble chez le général Chanzy, qui me donna l'ordre de remettre le commandement de ma légion au plus ancien chef de bataillon, et de lui faire continuer sa retraite dans la direction de Mayenne. Quant à moi, je devais prendre le commandement de la 1re brigade, 4e division du 21e corps, et aller rejoindre immédiatement à Mont-Saint-Jean qu'elle devait occuper le lendemain et où l'on s'attendait à être attaqué.

Je revins à deux heures du matin à Rouessé-Vassé. Le lendemain 15, la deuxième légion reprenait la route de Mayenne. Je retournais à Sillé-le-Guillaume que je traversais au moment où le combat en avant de cette ville commençait, et j'arrivais dans l'après-midi à Mont-Saint-Jean avec la 1re brigade dont je prenais aussitôt le commandement. C'est à ce moment que finissent mes rapports avec la 2e légion.

Je reprends le récit suivant des événements concernant la première brigade dont je venais de prendre le commandement.

Cette brigade, divisée en deux demi-brigades, comprenait les forces suivantes : première demi-brigade : première légion de la Loire-Inférieure dont le colonel, Bel, venait de disparaître à Champagné, et dont on ignorait encore la mort. Cette légion avait trois bataillons : le premier, de Nantes, commandant Vieille ; deuxième, Saint-Nazaire, dont le chef de bataillon, de Trégomen, avait été tué dans le comba .

du 10, et qui était provisoirement commandé par le capitaine-adjudant-major Bélier; et le troisième, Nantes, chef de bataillon de Dion, — un bataillon des 25e et 86e de ligne réunis. 2me demi-brigade, — 1re légion, Ille-et-Vilaine, lieutenant-colonel d'Agrest, et commandant ; le 62e et le 97e de ligne.

Toutes ces troupes, éprouvées par la rude campagne qu'elles venaient de faire, montraient de la solidité et on pouvait compter sur elles. L'attaque, attendue dans la journée du 15, ne se produisit pas; la droite seule de notre corps d'armée fut aux prises avec les Prussiens en avant de Sillé, et les repoussa vigoureusement. Vers sept heures du soir, l'ordre arriva à la 4me division de quitter Mont-Saint-Jean et de se rendre à Bays en passant par Saint-Thomas. A quatre heures du matin, nous faisions une halte de deux heures dans ce bourg après laquelle la colonne, reprenant sa marche, arrivait à Bays vers neuf heures. — Cette marche de nuit fut une des plus pénibles de la campagne. La neige couvrait la route à plus d'un pied de hauteur et nous eûmes à supporter, dans la dernière partie de la nuit, une grêle violente et du verglas rendant la marche très difficile.

Le 17, à quatre heures du matin, le mouvement de retraite continua. Nous prîmes la route d'Aron où nous fîmes la grande halte, et, dans l'après-midi, nous passions la Mayenne à Saint-Fraimbault, où nous laissions la 2me brigade avec ordre de miner le pont.

Le général Gougeard, avec la 1re brigade, l'artillerie, le génie et les mitrailleuses occupa la Haie-Traversenne. Je détachai le 25e de ligne à Ambrières dont le pont fut aussitôt miné par le génie.

Les 18, 19, 20 et 21, nous restâmes dans ces positions sans avoir été attaqués ni même inquiétés. Dans la nuit du 21 au 22, l'ordre nous arriva de nous diriger sur Couterne; tout le 21e corps faisant un mouvement vers le nord et se rapprochant de la route d'Alençon, en ce moment fortement occupé par l'ennemi. Nous allions coucher à Lassay, nous en repartîmes le matin du 23 pour arriver dans l'après-midi dans les positions de Couterne.

Le commandant Vieille, nommé lieutenant-colonel, prit le commandant de la légion de Nantes et fut remplacé par M. Emery, nommé chef de bataillon. — Le brave commandant de Trégomen, tombé glorieusement le 10 avril sur le pont, à la tête de son bataillon, eut pour successeur M. Belier.

Le 28, je reçus l'ordre d'aller, avec la 2me demi-brigade, occuper La Ferté-Macé et y prendre le commandement supérieur. Je devais me relier d'un côté avec Couterne et de l'autre avec Briouze où se trouvait la droite du 19e corps.

Le 30 au soir, une dépêche télégraphique nous annonçait l'armistice. J'envoyai immédiatement un cavalier au général Gougeard, qui, de son côté, avait reçu de Mayenne l'ordre de cesser toute hostilité. Cet ordre arrivait à temps, car le lendemain matin on avait l'intention d'attaquer les Prussiens qui se trouvaient à Pré-en-Pail.

Le 31, toute la division venait à La Ferté-Macé,

laissant à Couterne le colonel Vieille et la 1re demi-brigade.

Le 16 février, la 1re demi-brigade fut remplacée à Couterne par la 3e et vint nous rejoindre à La Ferté-Macé. D'après les dispositions prises par le général Chanzy, notre division était détachée du 21e corps, et reprenait son nom de division des forces de Bretagne, avec le général de Colomb comme général en chef. Le 19e corps laissait seulement à notre gauche la division Saussier et se réunissait à l'armée de la Loire pour aller occuper la nouvelle ligne de Saumur à Poitiers.

Tous les vides devaient être occupés par le général Charrette à notre droite, et les mobilisés bretons à gauche.

En conséquence de ce nouveau plan, nous quittions La Ferté-Macé le 18 pour aller cantonner à Domfront.

Le 21, toute la division se transportait à Flers, laissant à Domfront le colonel Vieille et la 1re demi-brigade.

Le 25, une nouvelle ligne de défense fut adoptée afin de couvrir la Bretagne. D'après ce plan, nous devions aller occuper le cours du *Couesnoù* d'Antrain à Pontorson.

Le 26, la division quittait Flers pour Domfront; la 1re demi-brigade la précédant, allait coucher à Teilleul.

Le 27, la division arriva à Landivy et la 1re demi-brigade à Louvigné.

Le 28, toutes les troupes se réunissent à Saint-James, la légion de Nantes occupant le village de Montjoie.

Le 1e mars, toute la 1re brigade est répartie à Pontorson et les villages environnants. Le quartier-général est établi à Antrain.

Le 4, l'ordre arriva de licencier ma brigade et de diriger les bataillons par étapes sur Combourg où ils devaient remettre leurs armes. Le mouvement était commencé le 5 et se terminait le 8. Les deux derniers bataillons de Nantes quittaient Combourg le 9 au matin.

En terminant ce petit abrégé de notre campagne, je tiens à me féliciter encore une fois du bon esprit montré par les bataillons de la 1re légion et du concours dévoué qui m'a été donné par ses officiers. Ce sera toujours pour moi un titre d'honneur de les avoir eus sous mes ordres.

Je vous serre amicalement la main.

Votre tout dévoué,

JEHENNE.

5301. — Imp. nantaise Étiembre et Plédran, quai Cassard, 5.

APPENDICE

NOTE SUR LES MOBILISÉS

Soixante mille mobilisés bretons passèrent par le camp de Conlie ; mais pour des raisons que nous avons exposées dans une précédente brochure, un nombre relativement faible d'entr'eux rendit des services à l'armée de la Loire. Douze mille seulement combattirent ou assistèrent à la bataille du Mans. Parmi eux et à leur tête il faut placer la division Gougeard dont nous avons donné la composition, et qui, partie de Conlie à la fin de novembre, suivit l'armée de la Loire jusqu'après la bataille du Mans. La division Lalande qui occupait la Tuilerie n'était arrivée à l'armée que quelques jours avant les combats du 10 et du 11 ; elle se composait de légions appartenant aux départements de la Bretagne, sauf à celui de la Loire-Inférieure. Enfin, la division Barry comprenait une brigade de mobilisés dont nous avons également donné la composition. Cette brigade se trouvait à Arnage pendant la journée du 11, elle n'eut pas l'occasion de prendre part à la lutte pas plus que le reste de la division Barry.

Nous avons dit que le village de Champagné avait été défendu par le 1er bataillon des mobilisés de la Loire-Inférieure et le bataillon de Saint-Nazaire, dont l'effectif s'élevait à peine à 500 hommes. Nous devons ajouter que une ou deux compagnies du 3e bataillon de la Loire-Inférieure prirent part à la défense de ce village.

Voici les pertes subies par les Nantais, dans les journées du 10 et du 11 : 28 blessés, parmi lesquels un officier, M. le capitaine Gouzé; 31 tués, 25 à 30 prisonniers.

INSTRUCTIONS GÉNÉRALES DONNÉES DANS LA NUIT DU 10 AU 11 JANVIER.

Nous avons dit que le général Chanzy, dans la nuit du 10, indigné de certaines défaillances, avait adressé aux généraux placés sous ses ordres, les instructions les plus sévères.

Voici quelques extraits de cette remarquable et mâle adjuration :

« Les ordres si formels du général en chef n'ont pas été exécutés; il en exprime tout son mécontentement aux généraux qui, sous leur responsabilité, ont pris sur eux de ne point obéir.

» Cette inexécution d'ordres qui prescrivaient partout une offensive vigoureuse, parce que c'était le seul moyen d'arrêter l'ennemi, a eu pour conséquence de déterminer chez quelques-unes de nos troupes une véritable débandade et de laisser l'ennemi s'approcher de nos dernières positions du Mans.

» La situation est grave ; il s'agit d'en sortir avec honneur et succès.

» Le général en chef ordonne de la façon *la plus formelle et sous la responsabilité personnelle* des généraux, commandant les corps d'armées, les divisions et les brigades, en ce qui concerne chacun d'eux, que les dispositions soient prises demain dès le matin :

» 1° Pour repousser l'ennemi des positions dont il s'est emparé aujourd'hui en avant de nos lignes et qui menaçaient directement ces lignes ;

» 2° Pour assurer la défense des positions que nous devons conserver coûte que coûte et sans aucune idée de retraite....

....

» Personne ne devra s'éloigner des bivouacs et des positions à défendre. L'accès du Mans est *formellement interdit à la troupe et aux officiers de tous grades.*

» Chaque corps d'armée fera garder ses derrières par la cavalerie pour ramener les fuyards et empêcher toute débandade.

» Les fuyards seront ramenés sur les positions et maintenus sur la première ligne de tirailleurs. *Ils seront fusillés s'ils cherchent à fuir*..................................

....

» Le général en chef n'hésiterait pas, si une débandade venait à se produire, à faire couper les ponts en arrière des lignes, pour *forcer à la défense à outrance*. Il demande au ministre le droit de casser tout chef de corps ou tout officier qui n'exécutera pas les ordres qui lui seront donnés, ou ne saura pas maintenir sa troupe ; comme celui de récompenser immédiatement, sur le champ de bataille, les officiers et les soldats qui se distingueront par leur dévouement, leur énergie et leur courage. »

Qu'il y a loin de ce fier et patriotique langage aux proclamations mensongères et démoralisantes de M. Bazaine à Metz, et aux fanfaronades de M. Ducrot à Paris.

CONCLUSION

L'armistice vint surprendre le général Chanzy, au moment où il réorganisait et installait solidement son armée derrière la Mayenne. Le général en chef se préoccupa aussitôt des dispositions à prendre pour la reprise des hostilités. L'armée comptait 235,000 hommes et 472 pièces de canon bien attelées et suffisamment bien servies. Sachant déjà la perte de l'armée de Bourbaki et comprenant la nécessité de protéger le sud de la France, le général proposa et fit adopter les décisions suivantes :

Les mobilisés bretons, au nombre de 60,000, y compris les 12,000 qui avaient assisté à la bataille du Mans, avec deux divisions du 17e corps, sous le commandement en chef du général de Colomb, formèrent l'armée de Bretagne; occupèrent derrière la Mayenne les positions de l'armée de la Loire et furent chargés de défendre l'Ouest.

La deuxième armée passa la Loire et s'installa de Saumur à Le Blanc, avec son centre à Poitiers, couvrant ainsi le pays au Sud de la Loire, permettant à l'Assemblée de traiter et au reste du pays de s'organiser pour la défense.

En résumé, cette armée si méconnue aujourd'hui, a débuté par gagner la bataille de Coulmiers et reprendre Orléans; elle a lutté sans trève ni merci depuis la seconde attaque d'Orléans jusqu'au Mans, sans jamais se faire battre; par son attitude et après s'être reconstituée au Mans, elle a arrêté l'ennemi pendant plus de vingt jours; et à la suite d'une panique qui semble incroyable à ceux qui ne l'ont point vue, elle n'a battu en retraite que pied à pied, sans se laisser jamais entamer, pour occuper derrière la Mayenne une position que l'ennemi n'osait attaquer.

Enfin, elle a trouvé moyen, après tant d'efforts et de luttes soutenues par des troupes à peine exercées, dans la saison la plus rigoureuse, d'être encore la seule armée qui ne capitulât pas, qui couvrit la France; lui permit de discuter les conditions qu'on lui imposait, et au besoin de reprendre la lutte, si le pays tout entier avait eu le patriotisme et l'énergie de l'homme politique et du général dont les noms figurent parmi les grands citoyens qui ne désespérèrent jamais du génie de la France.

PLANCHES

Le lecteur trouvera dans les trois planches qui suivent toutes les indications nécessaires pour suivre notre récit.

La première est une carte d'ensemble que nous avons dressée d'après la carte d'état-maj[illegible] artes des départements.

La seconde n'est que la reproduction d'un coin de la carte d'état-major. Elle est mal venue en autographie, mais on peut y lire cependant toutes les indications relatives à la bataille du 11.

Enfin, la troisième est le levé topographique du village de Champagné et des dernières pentes du plateau d'Auvours.

Imp. nantaise Étiembre et Plédran, quai Cassard, 5.

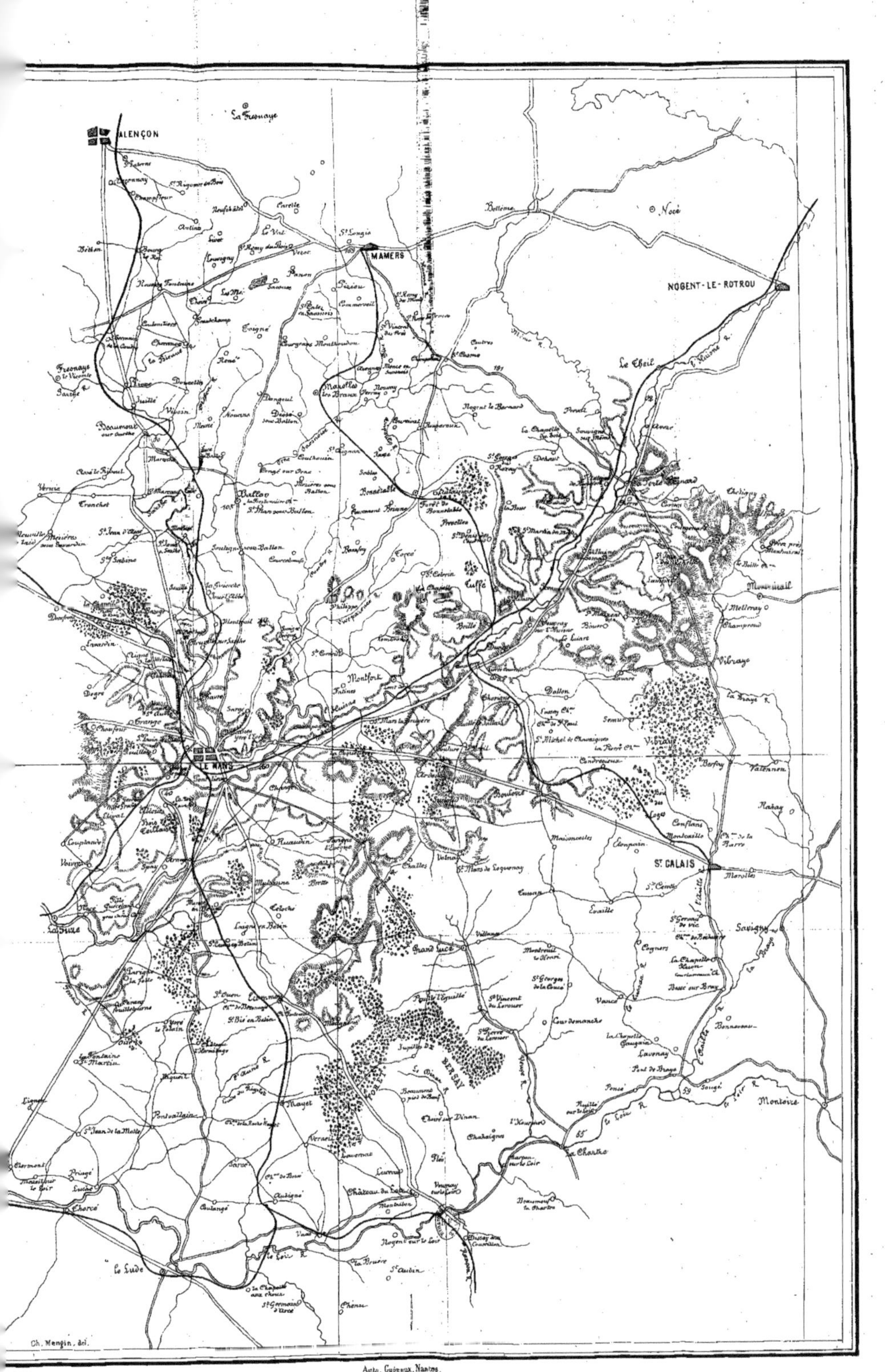

Auto. Guézeux, Nantes.

les Pommiers
la Souris
la Belle Croix
MANS
P.F (Sarthe)
Plateau d'Auvours
Champagne
Ste Croix
les Noyers
PONTLIEUE
Changé
Ct. le Mans
la Buzardière
Etang
Tuilerie
Point
Ruaudin
Ct. le Mans
Mulsanne
Brette
Ch^t^ du Coudreau
Ch^t^ du H^t^ Bois
Marcé en Belin
Bois de Sapins

elles au 80 m

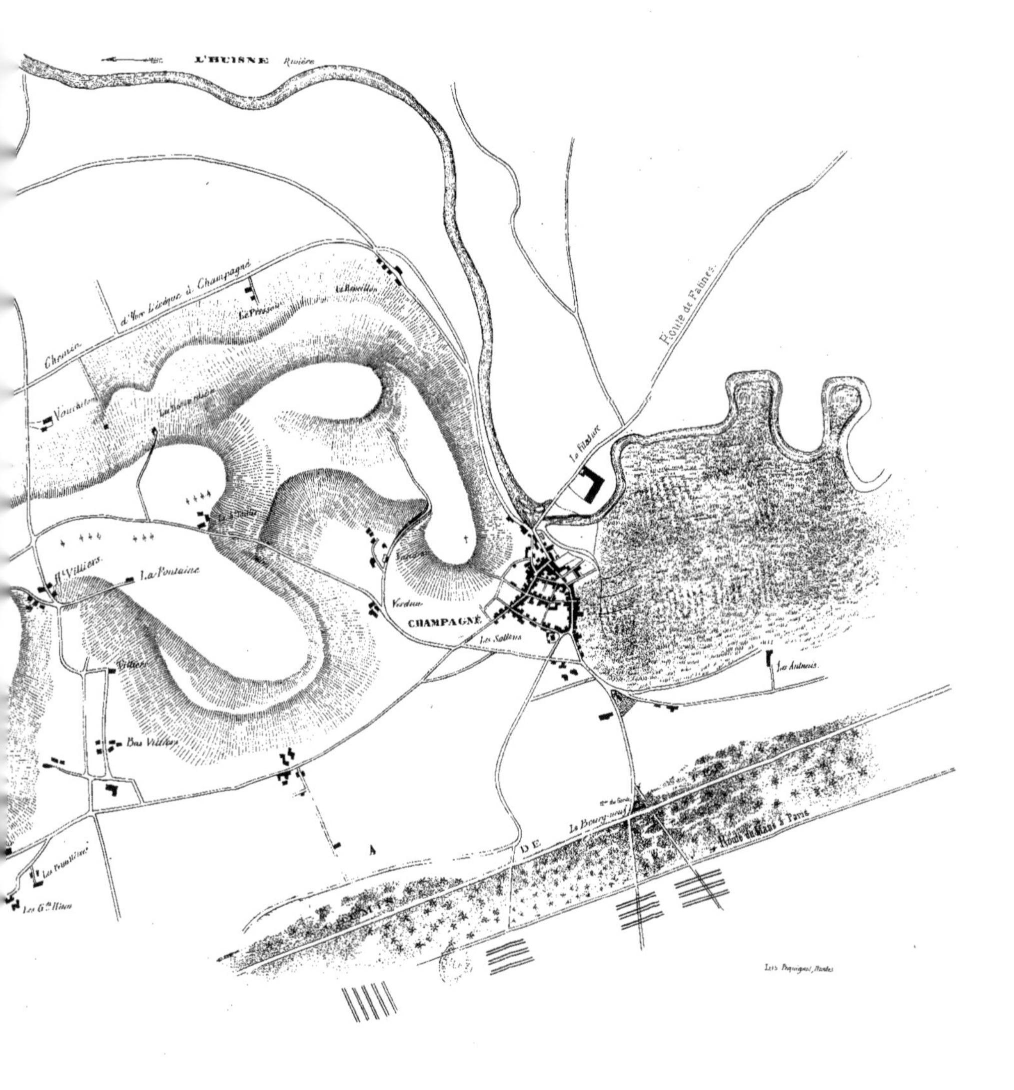
L'HUISNE Rivière
Chemin d'Yvré L'évêque à Champagné
Route de Fatines
La Filature
La Fontaine
Hᵗ Villiers.
Villiers
Bas Villiers
Verdun
CHAMPAGNÉ
Les Sablons
Les Aulnais.
La Bourg-neuf
DE
Route du Mans à Paris

www.ingramcontent.com/pod-product-compliance
Ingram Content Group UK Ltd.
Pitfield, Milton Keynes, MK11 3LW, UK
UKHW022116190726
13855UKWH00003B/901